PRZEWODNIK DLA POCZĄTKUJĄCYCH PO KSIĄŻCE KUCHARSKIEJ Z GRZYBAMI

100 PYSZNYCH PRZEPISÓW NA GRZYBY

Albert Nowicki

Wszelkie prawa zastrzeżone.

Zastrzeżenie

Informacje zawarte w tym eBooku mają służyć jako kompleksowy zbiór strategii, na temat których autor tego eBooka przeprowadził badania. Streszczenia, strategie, porady i triki są jedynie rekomendacjami autora i przeczytanie tego eBooka nie gwarantuje, że uzyskane wyniki będą dokładnie odzwierciedlać wyniki autora. Autor eBooka dołożył wszelkich starań, aby zapewnić czytelnikom eBooka aktualne i dokładne informacje. Autor i jego współpracownicy nie ponoszą odpowiedzialności za jakiekolwiek niezamierzone błędy lub pominięcia, które mogą zostać znalezione. Materiał zawarty w eBooku może zawierać informacje pochodzące od osób trzecich. Materiały obce zawierają opinie wyrażone przez ich właścicieli. W związku z tym autor eBooka nie ponosi odpowiedzialności za jakiekolwiek materiały lub opinie osób trzecich. Niezależnie od tego, czy chodzi o rozwój Internetu, czy też o nieprzewidziane zmiany w polityce firmy i wytycznych dotyczących publikacji, to, co zostało uznane za fakt w chwili pisania tego tekstu, może później stać się nieaktualne lub nie mieć zastosowania.

EBook objęty jest prawami autorskimi © 2024, wszelkie prawa zastrzeżone. Rozpowszechnianie, kopiowanie lub tworzenie dzieł pochodnych na podstawie tego eBooka w całości lub w części jest nielegalne. Żadna część tego raportu nie może być powielana ani retransmitowana w jakiejkolwiek formie bez wyraźnej pisemnej i podpisanej zgody autora.

SPIS TREŚCI

SPIS TREŚCI..4

WSTĘP...8

GRZYBY BIAŁYCH GUZIKÓW.................................12

    1. Grzyby BBQ z soją i sezamem.........................13
    2. Sałatka grzybowa z jajkiem.............................16
    3. Wietnamska sałatka z grzybami i makaronem.............20
    4. Wędzone pieczarki polne BBQ z soczewicą................24
    5. Z grzybów i czerwonej kapusty......................28

GRZYBY LWI GRZYWY...32

    6. Quiche z lwią grzywą......................................33
    7. Sos z lwiej grzywy...35
    8. Ciepła sałatka z grzybów lwia grzywa..........37
    9. Ciasteczka Krabowe z Lwią Grzywą..............40
    10. Smażone grzyby lwia grzywa........................44
    11. smażone grzyby lwia grzywa........................48
    12. Z szynką i serem Lion's Mane.......................52
    13. Ciasta krabowe z lwią grzywą......................56
    14. Filety z lwiej grzywy.......................................59
    15. Lwia grzywa klarowna latte..........................62
    16. Rolada z „homarem" z lwią grzywą............64
    17. Naleśniki z lwią grzywą................................67

GRZYBY SHIITAKE..69

    18. Zapiekanka Ziemniaczana I Dzikich Grzybów.............70
    19. Węgierska zupa grzybowa............................74
    20. Wypchane grzyby..77
    21. Fajitas z kurczakiem i grzybami...................80

22. Świetna zupa grzybowa...83
23. Placuszki kukurydziane i shiitake...................................86
24. Risotto z grzybami shiitake..90
25. Pieczone Grzyby Shiitake..93
26. Ciepła sałatka shiitake-jęczmienna..............................95
27. Chrupiące i ciągnące się sezamowe shiitake.................98
28. Dynia żołędziowa i grzyby leśne................................102
29. lasagne z grzybów leśnych i egzotycznych..............106
30. B BQ Quesadilla z kaczką i grzybami leśnymi.........111
31. Bułki nadziewane leśnymi grzybami......................114
32. Halibut z leśnymi grzybami i szpinakiem..................117
33. Krem z grzybów i dzikiego ryżu..............................121
34. Zupa z kurczaka , grzyby i kulki macy......................125
35. Mieszane grzyby banh mi...131
36. Nadziewane shiitake..134

GRZYBY ENOKI..**137**

37. Smażyć grzyby Enoki..138
38. Smażone grzyby Enoki..142
39. Zupa Grzybowa Enoki..144
40. Masala z grzybami Enoki...147
41. Grzyby Enoki z Tofu...151
42. Zupa Enoki..155
43. Zupa rybna z grzybami enoki..................................158

BOCZNIAKI...**162**

44. Dip z ostryg..163
45. Sałatka z rukoli i boczniaków..................................166
46. Makaron z Pieczarkami i Gremolatą.......................169
47. Mieszanka brokułowo-grzybowa............................173
48. Zielone ganganelli z boczniakami..........................176
49. Boczniaki ziołowe gotowane na parze...................179
50. Linguine z sosem boczniakowym...........................182
51. Zupa z boczniaków ostrygowych............................186

52. Boczniaki z linguini..................189
53. Marynowane boczniaki z chili..................192
54. Smażone boczniaki..................195
55. Smażone przegrzebki morskie i boczniaki..................198
56. Pstrąg z shitaki i boczniakami..................203
57. Zupa imbirowa z boczniaków drzewnych..................206
58. Z rzeżuchy i boczniaków..................209

GRZYB SZWAJCARSKI BRĄZOWY..................213

59. Naleśniki Kalafiorowe z Pieczarkami..................214
60. Wegetariańska miska z ryżem i grzybami..................217

MORELE..................220

61. Łosoś i Morele..................221
62. Domowa zupa-krem grzybowy..................224
63. Makaron Morelowy..................227
64. Łatwy kurczak i smardze..................230
65. Smardze Nadziewane Krabem..................233
66. Jajecznica Morelowa..................236
67. Szparagi i Morele..................238
68. Morele Nadziewane Serem..................240
69. Morele z mąką..................243
70. Smażone na patelni smardze..................245
71. Morele na maśle..................247
72. Sos Morelowo-Grzybowy..................249
73. Morel z solonymi krakersami..................253
74. Morel z bułką tartą i parmezanem..................258
75. na patelni smardze..................261

BOROWIKI..................264

76. Steki nacierane borowikami..................265
77. Grzyby marynowane w soi..................268
78. Calzone grzybowe..................271
79. Szparagi i smardze w winegrecie..................276

80. Niebieski ser & grzyby leśne.................................279

GRZYBY KASZTANOWE..282

81. Pudding chlebowy z grzybami i porem...................283
82. Kasztany i grzyby leśne...287
83. Grzyby Rogan..289

CREMINI...293

84. Crostini z grzybami Crimini.....................................294
85. Marynata Crimini i Marchew..................................297
86. Pieczarkowe „Risotto" z Fetą.................................300
87. Strudel grzybowy..303
88. zupa krem z grzybów..306
89. Zapiekanka z grzybami Crimini..............................309
90. Linguine z Pieczarkami i Sosem.............................311
91. Makaron szpinakowo-grzybowy.............................314

PORTOBELLO..318

92. Zupa grzybowa Portobello....................................319
93. Omlet z dmuchanymi grzybami.............................322
94. Pieczone portobellos romańskie..........................325
95. Grillowane steki portobello..................................328
96. Portobello śniadaniowe z shiitake.......................331
97. Kurczak madera z portobello................................334
98. Lasagne z bakłażana i portobello.........................339
99. Kanapka ze stekiem grzybowym i pesto..............344
100. Grillowana pizza Bianca portobellos.................347

WNIOSEK..351

WSTĘP

A. **Grzyb biały** to grzyb jadalny, który w okresie niedojrzałym ma dwa stany ubarwienia - biały i brązowy - oba mają różne nazwy. Dojrzały nazywany jest grzybem Portobello. Pieczarka biała jest odmianą niedojrzałą i białą. Jest to najpopularniejszy i najłagodniejszy smak ze wszystkich rodzajów grzybów.

B. **Grzyb Crimini** znany również jako grzyb Cremino, grzyb szwajcarski brunatny, rzymski grzyb brunatny, włoski brunatny grzyb, klasyczny brunatny grzyb lub kasztanowiec. Criminis to młode grzyby Portobello, sprzedawane również jako małe portobellos i są to po prostu bardziej dojrzałe pieczarki białe.

C. **Grzyb Portobello** Znany również jako: grzyb polny lub grzyb o otwartej czapce. Grzyby Portobello mają gęstą konsystencję i bogaty smak. We

Włoszech dodaje się je do sosów i makaronów oraz stanowi doskonały substytut mięsa. Ponadto, jeśli chcesz substytut bułki chlebowej, możesz nawet użyć płaskiej czapki grzyba. Świetnie nadają się do grillowania i farszu.

D. **Grzyb Shiitake** Znany również jako: Shitake, czarny las, czarna zima, dąb brązowy, czarny chiński, grzyb czarny, orientalna czerń, grzyb leśny, złoty dąb, Donko. Shiitake mają lekko leśny smak i aromat, podczas gdy ich suszone odpowiedniki są bardziej intensywne. Są pikantne i mięsiste, można je stosować do dań mięsnych oraz jako dodatek do zup i sosów. Shiitake można znaleźć zarówno świeże, jak i suszone.

E. **Boczniaki** to jedne z najczęściej uprawianych grzybów jadalnych na świecie. Trębacz królewski jest największym gatunkiem z rodzaju boczniaków. Są proste w przygotowaniu i oferują delikatny i słodki smak. Używa się ich szczególnie do smażenia lub smażenia, ponieważ są stale cienkie, dzięki czemu gotują się bardziej równomiernie niż inne grzyby.

F. **Grzyby Enoki** są dostępne świeże lub w puszkach. Eksperci zalecają spożywanie świeżych okazów enoki z twardymi, białymi, błyszczącymi kapeluszami, a nie tych z oślizgłymi lub brązowawymi łodygami, których najlepiej unikać. Są dobre na surowo i są powszechne w kuchni azjatyckiej. Ponieważ są chrupiące, dobrze trzymają się zup i dobrze komponują się z sałatkami, ale można je wykorzystać także do innych potraw.

G. **Kurki** są pomarańczowe, żółte lub białe, mięsiste i trąbkowate. Kurki są zwykle żerowane na wolności, ponieważ są trudne w uprawie. Niektóre gatunki mają zapach owocowy, inne bardziej drzewny, ziemisty, a jeszcze inne można nawet uznać za pikantne.

H. **Borowiki** to mięsisty grzyb podobny do portobello, borowiki to rodzaje grzybów często używanych w kuchni włoskiej. Smak określa się jako orzechowy i lekko mięsisty, o gładkiej, kremowej konsystencji i charakterystycznym aromacie przypominającym zakwas.

I. **Grzyb Shimeji** powinien być zawsze ugotowany: nie jest dobrym grzybem podawany na surowo ze względu na nieco gorzki smak. Po ugotowaniu jego goryczka znika całkowicie, a grzyby nabierają lekko orzechowego smaku. Jest to jeden z tych rodzajów grzybów, który świetnie sprawdza się w daniach smażonych, zupach, gulaszach i sosach.

J. **Morel Mushroom** ma na czapce wygląd plastra miodu. Smardze są cenione przez wykwintnych kucharzy, szczególnie w kuchni francuskiej, ponieważ są wyjątkowo pikantne i pyszne

GRZYBY BIAŁYCH GUZIKÓW

1. Grzyby BBQ z soją i sezamem

Składniki

- 4 duże białe pieczarki polne
- 2 bok choy, przekrojone wzdłuż na pół, dokładnie umyte
- 400 g smażonego tofu, pokrojonego w grube plasterki

Marynata:

- 2 łyżki sosu sojowego
- 1/3 szklanki miodu 3 łyżki soku z limonki 1/2 łyżeczki płatków chili
- 2 ząbki czosnku, posiekane

Ozdoby:

- Lisc kolendry
- Prażone nasiona sezamu
- Ćwiartki limonki

Wskazówki

a) Aby przygotować marynatę, wymieszaj wszystkie składniki. Pieczarki marynujemy w 3/4 marynaty, przez ok. 15 minut.

b) Na dużej tacy ułóż grzyby, plasterki bok choy i tofu i polej całość marynatą, upewniając się, że grzyby są dobrze nią pokryte.

c) Rozgrzej grilla na dużym ogniu i grilluj grzyby, aż się zapadną, ale nadal będą twarde w dotyku.

d) W pozostałej marynacie umieść grzyby i ponownie je obtocz. Odłożyć na bok. Kontynuuj grillowanie tofu i bok choy, 2-3 minuty z każdej strony.

e) Na dużym talerzu lub desce ułóż bok choy przekrojoną stroną do góry, razem z tofu i 4 dużymi grzybami na wierzchu. Posyp sezamem i kolendrą, udekoruj cząstkami limonki.

2. Sałatka grzybowa z jajkiem

Składniki

- 500 g pieczarek białych, wytartych do czysta
- 1 cukinia, pokrojona w wstążki (użyj obieraczki)
- 4 małe-średnie buraki, zdjąć wierzchołki
- 1-2 łyżki cukru
- 1 łyżeczka soli

Ozdoby:

- Świeże zioła: mięta, bazylia, natka pietruszki lub koperek
- Czarny sezam. Policzki cytrynowe
- 1 puszka ciecierzycy, odsączona
- 4 jajka 100g rukoli
- 1 awokado
- 2 łyżki oliwy z oliwek
- Sól i pieprz
- Do podania grillowany płaski chleb

Marynata:

- 4 łyżki oliwy z oliwek EV

- 2 łyżki dojrzałego octu balsamicznego
- 1 łyżeczka musztardy Dijon Sól i pieprz Garść porwanych liści bazylii
- Marynowana marchewka: 200 g marchewki, obranej i pokrojonej w julienne
- 1 szklanka wody
- 1/2 szklanki białego octu

Wskazówki

a) Rozgrzej piekarnik do 180°C. Buraki ułożyć na dużym kawałku folii, skropić oliwą oraz solą i pieprzem i zawinąć w paczki. Ułóż na blasze piekarnika i piecz w piekarniku, aż buraki będą ugotowane.

b) Pozwól ostygnąć. Obierz buraka ze skóry i pokrój na ćwiartki lub ósemki. Odłóż do miski i skrop odrobiną oliwy z oliwek i dodatkowymi przyprawami.

c) W międzyczasie gotuj jajka we wrzącej wodzie przez 7 minut i odświeżaj pod zimną bieżącą wodą. Obierz i odłóż na bok.

d) Na marynatę grzybową wymieszaj oliwę z oliwek, ocet balsamiczny, musztardę, sól i pieprz. Dodać pokrojone w plasterki grzyby i bazylię i dobrze wymieszać. Odłożyć na bok.

e) Podawać w 4 płytkich miskach. W małych grupach wokół wewnętrznych krawędzi misek ułożyć ciecierzycę, plasterki cukinii, buraki z rukolą pod spodem, grzyby, marynowaną marchewkę i awokado. Ułóż jajka przecięciem do góry.

f) Skropić dużą ilością oliwy z oliwek z pierwszego tłoczenia, solą i pieprzem, czarnym sezamem i świeżymi ziołami. Podawać z policzkiem cytrynowym i kawałkiem grillowanego chleba.

3. Wietnamska sałatka z grzybami i makaronem

Składniki

- 400g pieczarek białych, pokrojonych w cienkie plasterki
- 230 g cienkiego makaronu ryżowego (w stylu wermiszelu)
- 1 średnia marchewka, obrana i pokrojona w cienkie słupki
- 1 ogórek kontynentalny przekrojony wzdłuż na pół, nasiona
- 1 średnio duży ząbek czosnku, drobno posiekany
- 1-2 małe czerwone chilli, pozbawione nasion i drobno posiekane

Ozdoby:

- 1/2 szklanki posiekanych orzeszków ziemnych (jeśli używasz) lub chrupiącej szalotki
- Kawałki limonki lub cytryny (opcjonalnie)
- olej sezamowy
- 1 mała czerwona cebula, obrana, pokrojona wzdłuż na cienkie plasterki

- 1 szklanka kiełków fasoli, umytych i odsączonych

- 1 pęczek kolendry, umytej, z usuniętymi korzeniami
- 1/2 pęczka mięty, umytej, zerwanych liści

Ubieranie się:

- 1/2 szklanki sosu rybnego
- 1/3 szklanki cukru palmowego
- 1/4 szklanki świeżego soku z cytryny lub limonki

Wskazówki

a) Ugotuj makaron zgodnie z instrukcją na opakowaniu. Opłucz pod zimną wodą i dobrze odsącz. Odłożyć do dużej miski do miksowania.

b) Aby przygotować dressing, wszystkie składniki dressingu umieść w słoiczku i dobrze wstrząśnij, aby je połączyć. Odłożyć na bok.

c) Do miski z makaronem dodaj marchewkę, ogórek, czerwoną cebulę, kiełki fasoli, grzyby i 3/4 ziół. Wszystkie składniki delikatnie wymieszaj rękoma, a następnie dodaj dressing. Wrzuć jeszcze raz do połączenia.

d) Na dużym talerzu lub w osobnych miskach podawaj sałatkę posypaną posiekanymi orzeszkami ziemnymi (lub szalotką), pozostałymi ziołami i niewielką ilością oleju sezamowego.

e) Udekoruj cząstkami cytryny i/lub limonki.

4. Wędzone pieczarki polne BBQ z soczewicą

Składniki

- 4 duże brązowe pieczarki polne
- 1 szklanka zielonej soczewicy
- 250 g zielonej fasolki, umytej, z usuniętymi wierzchołkami
- 400 g dyni, obranej, pozbawionej gniazd nasiennych i pokrojonej w kliny o grubości 1 cm
- 100g liści sałaty, szpinak baby/rukola/mieszanka liści
- Garść natki pietruszki, umytej i grubo posiekanej
- 50 g prażonych płatków migdałów
- Garść liści mięty

Marynata:

- 1/4 szklanki oliwy z oliwek EV Sok z 2 cytryn
- 1 ząbek czosnku, posiekany
- 1 łyżeczka wędzonej papryki Sól i pieprz

Wskazówki

a) Na marynatę grzybową wymieszaj 3 łyżki oliwy z oliwek, sok z cytryny, czosnek, wędzoną paprykę, sól i pieprz. Odłóż 3-4 łyżki marynaty do późniejszego wykorzystania jako dressing. Pozostałą marynatą zalej grzyby, dobrze je pokryj. Odstawić na ok. 20 minut.

b) Aby ugotować soczewicę, przepłucz ją w zimnej wodzie i odcedź. W dużym garnku dodaj 4 szklanki wody do 1 szklanki soczewicy. Dla dodatkowego smaku dodaj liść laurowy. Doprowadzić garnek do wrzenia, następnie zmniejszyć ogień do bardzo małego, przykryć i gotować przez ok. 20 minut. Za pomocą sitka odlej wodę z soczewicy i wyrzuć liść laurowy. Pozwól ostygnąć.

c) Umieść fasolę i dynię w misce, dobrze posmaruj odrobiną oliwy z oliwek, solą i pieprzem.

d) Rozgrzej grill na średnim lub wysokim ogniu i grilluj warzywa, aż będą miękkie.

e) W dużej misce umieść grillowane warzywa. Pieczarki grillujemy, często je obracając, przez ok. 5-6 minut. Odłożyć do osobnej miski i posypać natką pietruszki.

f) Aby połączyć sałatkę, dodaj ugotowaną soczewicę do fasoli i dyni, dodaj liście sałaty, miętę i resztki dressingu. Delikatnie rękami dobrze wymieszaj sałatkę.

g) Przed podaniem na dużym talerzu połóż sałatkę z soczewicy, posyp płatkami migdałów i ułóż 4 grzyby. Skropić sokiem pozostałym z grzybów.

h) Podawać z chrupiącym pieczywem lub ulubionymi mięsami z grilla.

5. z grzybów i czerwonej kapusty

Porcja 2-4

Składniki

- 100 g pieczarek pokrojonych w cienkie plasterki
- 100 g grzybów shiitake, odrzucić łodygi, kapelusze pokroić w cienkie plasterki
- 100 g boczniaków, pokrojonych w cienkie plasterki
- 2 łyżki soku z limonki
- 2 łyżeczki sosu sojowego
- 1 ząbek czosnku, obrany i rozgnieciony
- 2 łyżki soku z cytryny
- 3 łyżki oliwy z oliwek z pierwszego tłoczenia
- $\frac{1}{4}$ kapusty czerwonej (około 150g), pozbawiona rdzenia, drobno posiekana
- 2 łyżki octu jabłkowego
- 1 łyżeczka cukru pudru
- 100 ml jogurtu naturalnego

- 50 ml oleju roślinnego
- Sól i czarny pieprz
- Garść liści bazylii

Wskazówki

a) Do jednej miski włóż grzyby guzikowe i shiitake, a do drugiej boczniaki. Dodaj sok z limonki i sos sojowy do przycisku i shiitake. Do boczniaków dodać czosnek i 1 łyżkę soku z cytryny. Do każdego dodać połowę oliwy z oliwek i wymieszać.

b) Kapustę wymieszać z octem i cukrem, pozostawić kapustę i grzyby do marynowania na co najmniej 2 godziny, a najlepiej 6-8, pod przykryciem w lodówce. Przemieszaj oba kilka razy.

c) Pozostały sok z cytryny wymieszaj z jogurtem i olejem roślinnym, dopraw solą i pieprzem. Przed podaniem wymieszaj grzyby i odciśnij z nich sok. Porwij liście bazylii i wymieszaj z kapustą.

d) Rozłóż kapustę na talerze, a na wierzch połóż grzyby. Ponownie wymieszaj jogurt i polej nim sałatkę.

GRZYBY LWI GRZYWY

6. Quiche z lwią grzywą

Składniki

- 1 Koperta ciasta
- Odrobina soli i pieprzu
- 2 szklanki startego sera
- 1 szklanka mleka
- 1 średnia cebula, pokrojona w kostkę
- 2 łyżki mąki
- ½ funta Grzyby lwia grzywa, pokrojone w cienkie plasterki
- ¼ łyżeczki suchej musztardy
- 1 łyżka masła 3 jajka
- 1 łyżka oliwy z oliwek

Wskazówki:

a) Pokryj spód ciasta serem. Podsmaż grzyby i cebulę w mieszance 1 łyżki masła i 1 łyżki oliwy z oliwek, aż zmiękną.
b) Połóż mieszaninę grzybów i cebuli na wierzchu sera. Dodać sól i pieprz do smaku.
c) Wymieszaj mąkę, jajka, mleko i suchą musztardę i wylej na warstwę grzybów. Piec w temperaturze 375 stopni lub do momentu, aż środek będzie twardy.

7. Sos z lwiej grzywy

Składniki

- ½ funta Grzyby Lion's Mane, pokrojone w plasterki lub posiekane
- 3 łyżki masła
- ¼ szklanki posiekanej cebuli
- 2 szklanki jasnej śmietanki (lub ulubionego mleka)
- 2 szklanki wody
- 3 łyżki mąki

Wskazówki:

a) Połącz wodę i 2/3 grzybów, gotuj na wolnym ogniu przez 20 minut. Na osobnej patelni podsmaż masło, pozostałe grzyby i cebulę, aż się zarumienią.
b) Posyp mieszaniną mąki mieszankę grzybów i cebuli i gotuj kilka minut.
c) Połącz śmietanę (lub mleko) z wodą i dodaj do smażonej mieszanki. Gotuj na otwartej patelni, aż uzyskasz pożądaną konsystencję.

8. Ciepła sałatka z grzybów lwia grzywa

Wydajność: 1 porcja

Składniki

- 2 łyżki oliwy z oliwek
- 1 cytryna; sok z
- 2 łyżeczki musztardy pełnoziarnistej
- 1 łyżka jasnego miodu
- Sól i świeżo zmielony czarny pieprz
- 3 łyżki oliwy z oliwek
- 2 Krojony chleb spichlerzowy; skórka usunięta, mieszane liście sałaty
- 8 pomidorków koktajlowych; o połowę
- 1 opakowanie 125 g grzybów Lion's Mane; następnie o połowę; pokrojone w pół cienkie plasterki

Wskazówki:

a) Wszystkie składniki dressingu wymieszać i dodać przyprawy do smaku. Schłodź, aż będzie to konieczne.

b) Na patelni rozgrzewamy 2 łyżki oleju, wrzucamy kostki chleba i smażymy ze wszystkich stron na złoty kolor. Odsączyć na chłonnym papierze kuchennym.

c) Przygotowane liście sałaty, pomidorki koktajlowe i grzanki ułożyć na talerzach lub w jednej dużej misce.

d) Na patelni rozgrzej pozostałą łyżkę oleju, dodaj czosnek i plasterki grzyba Lion's Mane. Smażyć grzyby na złoty kolor z każdej strony, zajmuje to około 3-5 minut.

e) Na sałatce ułóż plasterki grzybów i polej sosem sałatkowym.

9. Ciasteczka Krabowe z Lwią Grzywą

Składniki

- 8 uncji Grzyb Lwia Grzywa
- 1 jajko (lub jajko lniane)
- 1/2 szklanki bułki tartej panko
- 1/4 szklanki cebuli (pokrojonej w drobną kostkę)
- 1 łyżka majonezu lub majonezu wegańskiego
- 1 łyżeczka sosu Worcestershire
- 3/4 łyżeczki starej przyprawy laurowej
- 1 łyżeczka musztardy dijon
- 1 łyżka natki pietruszki (drobno posiekanej)
- 1/4 łyżeczki soli (według własnego uznania)
- 1/4 łyżeczki czarnego pieprzu
- 2-3 łyżki oleju (do smażenia ciast)
- 2 optymalne dodatki: cząstki cytryny
- Szybki sos tatarski

- 1/4 szklanki majonezu lub majonezu wegańskiego
- 1 łyżka przyprawy ogórkowo-koperkowej
- 1/4 łyżeczki starej przyprawy laurowej

Wskazówki

a) Ręcznie pokrój grzyba Lion's Mane na małe kawałki przypominające teksturą płatkowatego kraba.

b) W dużej misce połącz jajko, majonez, cebulę, sos Worcestershire, starą przyprawę laurową, musztardę Dijon, natkę pietruszki (drobno posiekaną), sól i pieprz. Mieszaj aż do całkowitego włączenia.

c) Mieszaj z grzybem Lion's Mane, aż do całkowitego włączenia.

d) Wymieszaj bułkę tartą Panko, aż do całkowitego połączenia.

e) Uformuj mieszaninę w 3-4 okrągłe, płaskie kotlety jednakowej wielkości (o grubości około 1/2 do 3/4 cala).

f) Rozgrzej olej na patelni na średnim/wysokim ogniu.

g) Smaż placki przez około 2-3 minuty z każdej strony. Powinien być złocistobrązowy i cały ugotowany.

h) Dodaj opcjonalne dodatki, wyciśnij cytrynę i ciesz się smakiem!

10. Smażone grzyby lwia grzywa

Składniki

Na grzyby:

- 1 lb. grzyby lwia grzywa, wytrzeć do czysta i pokroić na ⅓-calowe kawałki
- 1 jajko
- ½ szklanki mleka
- 1 Mąkę o wszechstronnym przeznaczeniu
- 2 łyżeczki papryki
- 2 łyżeczki suszonej bazylii
- 1 ½ łyżeczki soli morskiej
- 1 łyżeczka mielonego pieprzu
- 1 łyżeczka czosnku w proszku
- 1 łyżeczka proszku cebulowego
- 3-6 łyżek oleju roślinnego do smażenia

Wskazówki

a) W jednej misce ubić jajko na jajecznicę i wymieszać z mlekiem, aż składniki się połączą. W drugiej misce połącz mąkę ze wszystkimi suszonymi przyprawami – papryką i cebulą w proszku, i dobrze wymieszaj.

b) Zanurz jeden plasterek grzyba lwiej grzywy w mieszance jajecznej, a następnie obtocz go w mieszance mąki. Odkładamy na duży talerz lub deskę do krojenia. Kontynuuj, aż około połowa grzybów zostanie zanurzona i pogłębiona.

c) Rozgrzej dużą patelnię na średnim ogniu. Dodaj 1-2 łyżki oleju roślinnego (lub wybranego tłuszczu kuchennego) na patelnię i obracaj gorącym olejem.

d) Za pomocą szczypiec delikatnie połóż wysmażone plastry grzybów na patelni, uważając, aby nie zacisnąć patelni. Zmniejsz ogień do niskiego – dzięki temu grzyby dokładnie się ugotują, bez nadmiernego przypalania i brązowienia. Lekko przechyl patelnię, aby równomiernie rozprowadzić olej. Kontynuuj smażenie z jednej strony przez 3-4 minuty na małym ogniu, uważając, aby nie przypalić grzybów.

e) Za pomocą szczypiec ostrożnie przewróć każdy kawałek grzyba na drugą stronę i smaż po drugiej stronie przez 3-4 minuty.

f) Ostrożnie zdejmij smażone grzyby z patelni i połóż je na papierowym ręczniku, aby wchłonął nadmiar oleju.

g) Wytrzyj patelnię czystym ręcznikiem papierowym (użyj szczypiec, aby przytrzymać papierowy ręcznik, aby nie poparzyć dłoni!!) i powtarzaj kroki 2-4, aż wszystkie grzyby będą ugotowane.

h) Wymieszaj ketchup i majonez (lub użyj ulubionego dipu) i podawaj na ciepło.

11.   smażone grzyby lwia grzywa.

Porcje: 4

Składniki

Na grzyby:

- 1 lb. Grzyby lwiej grzywy wytrzeć do czysta i pokroić na ⅓-calowe kawałki
- 1 jajko
- ½ szklanki mleka (dowolnego rodzaju – niesłodzonego i niearomatyzowanego, jeśli używasz mleka roślinnego)
- 1 Mąkę o wszechstronnym przeznaczeniu
- 2 łyżeczki papryki
- 2 łyżeczki suszonej bazylii (lub przyprawy włoskiej lub oregano)
- 1 ½ łyżeczki soli morskiej
- 1 łyżeczka mielonego pieprzu
- 1 łyżeczka czosnku w proszku
- 1 łyżeczka proszku cebulowego
- 3-6 łyżek oleju roślinnego do smażenia (lub wybranego tłuszczu kuchennego)

Do dipu:

- 2 łyżki majonezu
- 2 łyżki ketchupu
- Specjalny sprzęt
- 2 średnie miski
- Duży talerz lub deska do krojenia (lub inna czysta płaska powierzchnia)
- Duża patelnia z powłoką nieprzywierającą
- Szczypce
- Talerz wyłożony ręcznikami papierowymi

Wskazówki

a) W jednej misce wymieszaj jajko i mleko. W drugiej misce połącz mąkę ze wszystkimi suszonymi przyprawami – papryką i cebulą w proszku, i dobrze wymieszaj.

b) Zanurz jeden plasterek grzyba lwiej grzywy w mieszance jajecznej, a następnie obtocz go w mieszance mąki.

Odkładamy na duży talerz lub deskę do krojenia. Kontynuuj, aż prawie wszystkie grzyby zostaną zanurzone i pogłębione.

c) Rozgrzej dużą patelnię na średnim ogniu. Na patelnię wlej 1-2 łyżki oleju i obsmażaj. Na patelnię włóż oczyszczone plastry grzybów, uważając, aby nie przytłoczyć patelni. Zmniejsz ogień do niskiego poziomu i lekko przechyl patelnię, aby rozprowadzić olej. Smaż przez 3-4 minuty z każdej strony, uważając, aby nie spalić grzybów.

d) Ostrożnie zdejmij smażone grzyby z patelni i połóż je na papierowym ręczniku, aby wchłonął nadmiar oleju.

e) Wytrzyj patelnię czystym ręcznikiem papierowym (użyj szczypiec, aby przytrzymać papierowy ręcznik, aby nie poparzyć dłoni!!) i powtarzaj kroki 3-4, aż wszystkie grzyby będą ugotowane.

f) Wymieszaj ketchup i majonez (lub użyj ulubionego dipu) i podawaj na ciepło.

12. z szynką i serem Lion's Mane

WYDAJNOŚĆ: 1 OMLET

Składniki

- Jajko, duże 2 sztuki (102 g)
- Grzyby, Lion's Mane, pokrojone w małą kostkę 1/4 szklanki (0,6 uncji) (17 g)
- Szynka, styl delikatesowy, pokrojona w cienkie plasterki, pokrojona w małą kostkę 1/3 szklanki (1 uncja) (28 g)
- Ser, Colby Jack, posiekany. 1/3 szklanki (1 uncja) (28 g)

Wskazówki:

a) Rozgrzej patelnię na średnim/niskim lub średnim poziomie.

b) Zbierz wszystkie składniki.

c) Pieczarki i szynkę pokroić w kostkę.

d) W małej misce ubij jajka razem. Jeśli masz ochotę na puszysty omlet, dodaj około 1 łyżkę mleka i wymieszaj.

e) Na rozgrzanej, suchej patelni podsmaż pokrojone w kostkę grzyby, aż zaczną nabierać złotobrązowego koloru.

f) Gotuj pokrojoną w kostkę szynkę, podczas gdy grzyby się rumienią.

g) Połącz grzyby i szynkę razem na patelni.

h) Jeśli masz pierścień omletu, możesz go teraz użyć.

i) Umieść wybraną cienką warstwę tłuszczu na patelni. Użyłem sprayu kuchennego, masła, tłuszczu z bekonu i oliwy z oliwek. Pamiętaj tylko, aby go rozłożyć tak, aby był wystarczająco duży, aby omlet mógł się ugotować.

j) Na rozgrzaną tłuszczem patelnię wylewamy ubite jajka. Jajka powinny znajdować się w okrągłym okręgu o średnicy 6 cali. Jeśli jajka zaczną spływać po patelni, użyj szpatułki i przywróć je do kształtu koła.

k) Gdy jajka przestaną się pienić, na wierzch dodajemy ugotowaną szynkę i grzyby i równomiernie rozprowadzamy po obwodzie.

l) Smaż omlet około 2 minut z każdej strony. Ale czas gotowania będzie się różnić. Musisz ugotować omlet według jego wyglądu, ponieważ każda patelnia ma różną temperaturę.

m) Gdy omlet z szynką i grzybami będzie ugotowany z jednej strony, czas go obrócić. Dużą szpatułką ostrożnie przewróć omlet na drugą stronę.

n) Do połowy omletu dodać połowę startego sera.

o) Po ugotowaniu omletów z grzybami, szynką i serem przełóż je na pół, tak aby strona bez sera znalazła się na roztopionym serze.

p) Posyp pozostałym startym serem i zdejmij z patelni.

13. Ciasta krabowe z lwią grzywą

Wychodzi 6 porcji

Składniki :

- ⅓ szklanki majonezu
- 1 duże jajko
- 2 łyżki musztardy dijon
- 2 łyżeczki sosu Worcestershire
- 2 szklanki suszonych kawałków grzybów Lion's Mane
- 1 czerwona papryka, pokrojona w kostkę
- 1 szalotka, pokrojona w plasterki
- 2 ząbki czosnku, posiekane
- ½ szklanki mąki lub bułki tartej (opcjonalnie bezglutenowej)
- Sok z cytryny, do smaku
- Sól i czarny pieprz do smaku

Wskazówki:

a) W małej misce wymieszaj majonez, jajko, musztardę i sos Worcestershire.

b) W dużej misce dodaj grzyby Lion's Mane z papryką, szalotką i czosnkiem. Wymieszać z mąką lub bułką tartą, solą i pieprzem. Wymieszaj składniki małej miski.

c) Z powstałej mieszanki uformuj około 6 kotletów.

d) Posmaruj dużą patelnię olejem i podgrzej na średnim ogniu. Dodaj ciasta i smaż, aż będą złociste i chrupiące, po kilka minut z każdej strony.

e) Ciesz się korzyściami zdrowotnymi Lion's Mane, delektując się tymi ciastami z sokiem z cytryny lub inną ulubioną polewą.

14.   Filety z lwiej grzywy

Składniki :

- 1 funt grzyba Lion's Mane, pokrojony w $\frac{3}{4}$-calowe filety, odciśnięty nadmiar wody
- 1 łyżka ghee
- $\frac{1}{2}$ szklanki wytrawnego białego wina (lub zastąp 2 łyżkami wytrawnego sherry)
- 1 średnia szalotka, posiekana (lub zastąp 3 ząbkami czosnku)
- Sól i czarny pieprz do smaku

Wskazówki:

a) Filety z Lion's Mane doprawiamy solą i pieprzem

b) Podgrzej ghee na dużej patelni na średnim ogniu.

c) Dodaj Lion's Mane i dociśnij szpatułką, aby pozbyć się nadmiaru wody. Smażymy z obu stron na rumiano i delikatnie.

d) Zmniejsz ogień do średnio-niskiego. Dodaj wino lub sherry i szalotkę lub czosnek, przykryj i smaż, aż czosnek będzie miękki.

e) Podawaj z ulubionymi dodatkami i rozkoszuj się korzyściami zdrowotnymi Lion's Mane!

15. Lwia grzywa klarowna latte

Wychodzi 1 porcja

Składniki :

- ½ filiżanki kawy
- ½ łyżeczki nalewki Mushroom Revival Lion's Mane
- ½ szklanki wybranego mleka
- Odrobina cynamonu
- szczypta gałki muszkatołowej

Wskazówki:

a) Dodaj składniki do blendera.
b) Mieszaj na wysokich obrotach, aż piana się spieni i dokładnie wymiesza.

16. Rolada z „homarem" z lwią grzywą

Składniki :

- 2 duże jajka
- 2 łyżki przyprawy Old Bay
- 1 łyżeczka soli selerowej
- 2 łyżki soku z cytryny
- 1-funtowe grzyby Lion's Mane, pokrojone w $\frac{1}{4}$-calowe plasterki
- 3 łyżki oliwy z oliwek lub ghee
- $\frac{1}{2}$ szklanki majonezu
- $\frac{1}{2}$ czerwonej cebuli, pokrojonej w kostkę
- $\frac{1}{4}$ szklanki świeżego koperku, posiekanego
- $\frac{1}{4}$ szklanki posiekanej świeżej pietruszki
- $\frac{1}{2}$ szklanki drobno pokrojonego selera
- 4 bułki, hoagie lub francuskie (opcja podania na sałatce)
- Sól i pieprz

Wskazówki:

a) W średniej misce ubij jajka. Wymieszaj przyprawę Old Bay, sól selerową i sok z cytryny.

b) Dodaj plasterki grzybów do masy jajecznej i mieszaj, aż się wchłoną.

c) Rozgrzej olej lub ghee na dużej patelni na średnim ogniu. Smaż plastry grzybów, smażąc z każdej strony przez około 2 minuty. Wyjąć grzyby i odsączyć je na ręcznikach papierowych. Po ostygnięciu rozdrobnij grzyby widelcami lub palcami.

d) W średniej misce połącz majonez, cebulę, koper, pietruszkę i seler. Dodajemy posiekane grzyby i dokładnie mieszamy. Dodaj dodatkową sól selerową i/lub sok z cytryny do smaku.

e) Rozetnij bułki lub przygotuj sałatkę, na której będziesz podawać homara z Lion's Mane. Cieszyć się!

17. Naleśniki z lwią grzywą

Wystarcza na 2 porcje

Składniki :

- 2 duże jajka
- 1 1/2 szklanki mleka migdałowego
- 1 ¼ szklanki mąki (zamiast opcji bezglutenowych)
- ¼ szklanki roztopionego masła
- 1 szklanka świeżej Lion's Mane, posiekanej
- Dodatki do wyboru

Wskazówki:

a) W dużej misce wymieszaj jajka i mleko.

b) Dodaj mąkę, masło i grzyby i mieszaj, aż masa będzie gładka.

c) Dodaj masło do patelni na średnim ogniu, dodaj ½ szklanki mieszanki na patelnię i odwróć, gdy pojawią się bąbelki. Gdy obie strony będą złocistobrązowe, dodaj dodatki i zajadaj!

GRZYBY SHIITAKE

18. Zapiekanka Ziemniaczana I Dzikich Grzybów

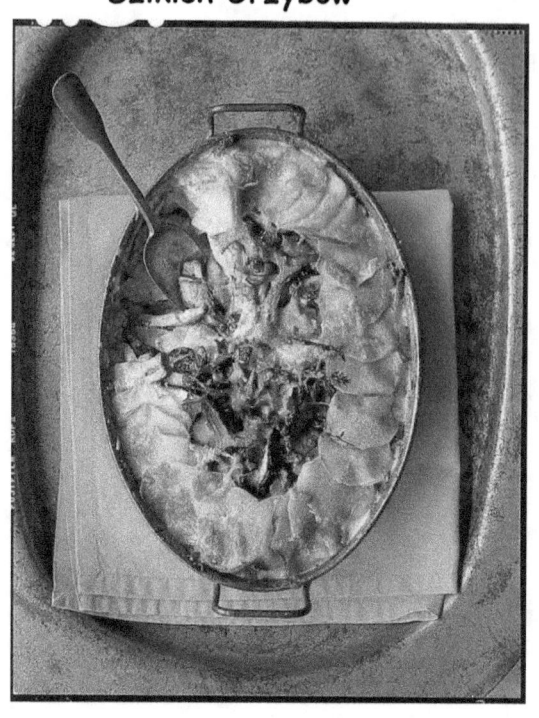

Składniki:

- 5 uncji pokruszony ser pleśniowy
- 1 ½ łyżki masła
- 1 ½ łyżeczki posiekanego świeżego tymianku
- 1 lb. mieszane świeże grzyby
- 1 łyżeczka soli
- 2 ½ szklanki śmietanki do ubijania ½ łyżeczki pieprzu
- 2 funty. Ziemniaki Yukon Gold, obrane, bardzo cienko pokrojone w krążki

Wskazówki:

a) Umieścić stojak w górnej 1/3 piekarnika i rozgrzać do 400o. Szklane naczynie do pieczenia o wymiarach 13 x 9 x 2 cale z masłem. Umieść ser w średniej misce; dodać ½ szklanki śmietanki. Za pomocą widelca rozgnieć mieszaninę na gęstą pastę. Wymieszaj 1 łyżeczkę soli i 1/2 łyżeczki pieprzu.

b) Wymieszaj pozostałe 2 szklanki śmietanki. Rozpuść masło w dużym, ciężkim garnku na średnim ogniu. Dodaj grzyby i zioła i smaż, aż grzyby będą miękkie, a płyn odparuje, około 8 minut.

c) Na dnie przygotowanego dania ułóż połowę ziemniaków. Posmaruj równomiernie ¾ szklanki sosu serowego. Na wierzch połóż całą mieszankę grzybów, ¾ szklanki sosu serowego, a następnie dodaj pozostałe ziemniaki. Polać pozostałym sosem serowym.

d) Przykryj naczynie folią. Piecz zapiekankę 30 minut, następnie odkrywaj i piecz, aż ziemniaki będą miękkie, wierzch będzie

złocistobrązowy, a sos zgęstnieje, około 30 minut dłużej.
e) Odstaw na 10 minut; podawać na gorąco.

19. Węgierska zupa grzybowa

Składniki:

- 1 lb. świeże mieszane grzyby
- 1 łyżka tamari
- 2 szklanki posiekanej cebuli
- 1 łyżeczka soli
- 4 łyżki masła
- 2 szklanki kurczaka, bulionu warzywnego lub wody
- 3 łyżki mąki
- ¼ szklanki posiekanej świeżej pietruszki
- 1 szklanka mleka
- 2 łyżeczki świeżego soku z cytryny
- 1-2 łyżeczki ziela koperkowego Świeżo zmielony czarny pieprz lub do smaku
- 1 łyżka papryki węgierskiej
- ½ szklanki kwaśnej śmietany

Wskazówki:

a) Cebulę podsmaż na 2 łyżkach masła, lekko posol. Kilka minut później dodaj grzyby, 1 łyżeczkę kopru, ½ szklanki bulionu (lub wody), tamari i paprykę. Przykryj i gotuj na wolnym ogniu przez 25 minut.
b) Rozpuść pozostałe masło w dużym rondlu; wsypać mąkę, smażyć cały czas ubijając (kilka minut). Dodaj mleko; kontynuuj gotowanie, często mieszając na małym ogniu, około 10 minut, aż zgęstnieje.
c) Wymieszaj mieszaninę grzybów i pozostały bulion. Przykryć i dusić 10-15 minut, tuż przed podaniem dodać sól, pieprz, sok z cytryny, śmietanę i ewentualnie dodatkowy koperek.
d) Podawać udekorowane natką pietruszki.

20. Wypchane grzyby

Składniki:

- 1 lb. kiełbasa luzem
- 1 lb. świeże grzyby shiitake (wielkość kęsa)
- 2 ząbki czosnku
- $\frac{1}{2}$ małej żółtej cebuli, drobno posiekanej
- 4 łyżki świeżej natki pietruszki, drobno posiekanej
- $\frac{1}{2}$ szklanki sezonowanej bułki tartej
- 1 łyżeczka suszonej, startej szałwii
- $\frac{1}{2}$ łyżeczki suszonej szałwii
- Sól i pieprz do smaku
- $\frac{1}{2}$ szklanki parmezanu

Wskazówki:

a) Rozgrzej piekarnik do 400o. Usuń łodygi z grzybów. Łodygi pokroić i podsmażyć na maśle z cebulą i czosnkiem do miękkości (około 4 min).
b) Zdjąć z patelni. Kiełbasę podsmaż na brązowo, odcedź. Umieść mieszankę kiełbasy i grzybów w robocie kuchennym; dodać pozostałe składniki oprócz sera.
c) Pulsuj, aż mieszanina będzie miała drobną konsystencję, posmakuj, aby dostosować przyprawę.
d) Każdą pozostałą czapkę grzybową nafaszeruj masą kiełbasianą i posyp serem. Napełnione czapki ułożyć na blasze do pieczenia i piec 15-20 min. aż grzyby się ugotują.
e) Nadzienie do kiełbasy można przygotować nawet na 2 tygodnie wcześniej, bez łodyg grzybów i zamrozić.

21. Fajitas z kurczakiem i grzybami

Składniki:

- 8 uncji serek śmietankowy, miękki
- ½ funta mieszanka świeżych grzybów (Maitake, Shiitake, Oyster...)
- 1 łyżeczka przyprawy fajita
- 1 łyżka posiekanej kolendry
- ½ łyżeczki czosnku w proszku
- 4 łyżki oleju
- 1 mała czerwona cebula, pokrojona w cienkie plasterki
- 1 zielona papryka, pokrojona w cienkie plasterki
- 1 czerwona papryka, pokrojona w cienkie plasterki
- ½ łyżeczki soli
- 2 piersi z kurczaka bez kości/skórki, pokrojone w paski
- 4 8-calowe tortille z mąki

Wskazówki:

a) W małej misce wymieszaj serek śmietankowy, przyprawę fajita, kolendrę i proszek czosnkowy; odłożyć na bok. Na dużej patelni na średnim ogniu rozgrzej 1 łyżkę oleju; smaż grzyby, aż zmiękną, a płyn odparuje, 3-4 minuty. Przełóż do miski i odłóż na bok. Na tej samej patelni rozgrzej 2 łyżki oleju na średnim ogniu.

b) Dodaj cebulę, paprykę i sól i smaż, aż będą chrupiące (około 4 min). Włóż do miski z grzybami. Na patelni rozgrzej 1 łyżkę oleju i dodaj kurczaka. Gotuj na średnim ogniu, aż będzie całkowicie nieprzezroczysty, około 2 minut. Wymieszać z warzywami i podgrzać.

c) Umieść tortille na talerzu do kuchenki mikrofalowej i kuchence mikrofalowej na około 15 sekund na wysokim poziomie, aż się rozgrzeją.

d) Podziel mieszaninę serka śmietankowego na cztery porcje i rozłóż na każdej tortilli. Połóż mieszaninę kurczaka i warzyw na serku śmietankowym, zwiń i podawaj. Na 4 fajitas.

22. Świetna zupa grzybowa

Wskazówki

- 6 łyżek niesolonego masła
- 6 oz. Grzyby Shiitake pokrojone w plasterki i przycięte łodygi
- 1 łyżeczka soli
- 1 szklanka posiekanej żółtej cebuli
- 6 oz. Boczniaki pokrojone w plasterki
- 1 ½ łyżeczki mielonego czosnku
- ½ szklanki posiekanego selera
- 8 uncji Inne grzyby (Maitake, crimini...)
- 6 w. bulion z kurczaka/warzywa
- ¼ łyżeczki pieprzu cayenne (czerwonego).
- ½ łyżeczki czarnego pieprzu
- 1/3 w. Brandy
- 2 łyżeczki świeżych liści tymianku
- 1 ½ w. ciężki krem

Wskazówki:

a) W dużym garnku rozpuść masło na średnim ogniu. Dodaj cebulę, seler i cayenne i gotuj do miękkości, około 4 min. Dodaj czosnek, smaż 30 sekund.
b) Dodaj grzyby, tymianek, sól/pieprz i smaż, aż grzyby zaczną brązowieć, około 7 minut. Dodaj brandy, zagotuj i gotuj, aż się zeszkli, około 2 minut. Dodaj bulion i ponownie zagotuj. Zmniejsz ogień do średniego i gotuj na wolnym ogniu bez przykrycia, od czasu do czasu mieszając, przez 15 minut. Zdjąć z ognia.
c) Dodaj śmietanę, ponownie zagotuj i gotuj przez 5 minut. Zdejmij z ognia i dopraw do smaku.

23. Placuszki kukurydziane i shiitake

Serwuje: 1

Składniki

- 3 kłosy kukurydzy
- 1 duże jajko
- ¼ szklanki mleka
- 2 uncje. Grzyby shiitake
- ¼ szklanki drobno pokrojonej czerwonej cebuli
- ¾ szklanki mąki uniwersalnej
- 1 łyżeczka proszku do pieczenia
- 1 ½ łyżeczki soli koszernej
- ½ łyżeczki pieprzu
- ½ szklanki oleju
- Olej do smażenia

Wskazówki

a) Z kolb odetnij ziarna kukurydzy. Połowę włóż do robota kuchennego, a drugą połowę odłóż na bok. Tępą częścią noża zeskrob miąższ z kolb do blendera. Dodaj jajko i mleko, a następnie ucieraj, aż powstanie gładkie ciasto.

b) Na patelni z powłoką nieprzywierającą rozgrzej odrobinę oleju, następnie dodaj grzyby shiitake i cebulę. Smażymy do lekkiego zrumienienia, następnie dodajemy pozostałą kukurydzę i smażymy kolejną minutę.

c) Przełożyć na talerz i wstawić do zamrażarki na 5 minut, aż przestanie być gorące.

d) W misce wymieszaj mąkę uniwersalną, proszek do pieczenia, sól i pieprz. Dodaj puree, następnie ziarna kukurydzy i shiitake z zamrażarki.

e) Wyczyść patelnię i dodaj $\frac{1}{2}$ szklanki oleju. Gdy będzie gorące, dodaj osiem łyżek ciasta i rozsmaruj na grubość $\frac{1}{2}$ cala.

Smażymy placki na złoty kolor na spodzie, następnie odwracamy i smażymy ponownie z drugiej strony.

f) Przed podaniem odsącz placki na ręcznikach papierowych.

24. Risotto z grzybami shiitake

Porcje: 4

Składniki :

- 4 szklanki wywaru warzywnego
- 1 szklanka ryżu arborio/risotto
- 2 szklanki grzybów shiitake, pokrojonych w plasterki
- 1 łyżka sosu sojowego
- 1 łyżka posiekanego świeżego tymianku
- 1 łyżka posiekanej świeżej pietruszki
- ¼ szklanki wytrawnego białego wina (opcjonalnie)
- ½ szklanki pokrojonej w cienkie plasterki szalotki
- Wegański parmezan do podania

Wskazówki :

a) Na głębokiej patelni lub rondlu o szerokim dnie rozgrzej odrobinę oleju na średnim ogniu. Dodać szalotkę, następnie doprawić solą i pieprzem. Smażyć aż się zarumieni, następnie dodać grzyby i sos sojowy. Smaż, aż grzyby shiitake staną się złociste i karmelizowane.

b) Zdejmij łyżkę grzybów z patelni i odłóż na bok.

c) Dodaj tymianek i pietruszkę, a następnie ryż arborio. Gotuj przez 1 minutę, mieszając, aby ryż się nie sklejał. Następnie dodaj wytrawne białe wino i gotuj, aż całkowicie się wchłonie.

d) Dodawaj po łyżce bulionu warzywnego, często mieszając. Gdy cała chochla zostanie wchłonięta, dodaj kolejną. Kontynuuj, aż ryż arborio będzie ugotowany al dente.

e) Zdejmij z ognia i wymieszaj wegański parmezan.

f) Podzielić pomiędzy miski i posypać zarezerwowanymi karmelizowanymi grzybami i dodatkową natką pietruszki. Podawać.

25. Pieczone Grzyby Shiitake

Porcje: 4

Składniki

- 4 uncje grzyby shiitake, usuń łodygi i pokrój kapelusze
- 12 uncji. szparagi, przycięte
- 1 łyżka oliwy z oliwek
- Sól i pieprz do smaku
- 1 ½ łyżki sosu sojowego
- ½ łyżki suszonego rozmarynu

Wskazówki :

a) Rozgrzej piekarnik do 425°F.

b) Dodaj wszystkie składniki do naczynia żaroodpornego lub wyłożonej blachą do pieczenia, wymieszaj, aby warzywa pokryły się olejem i przyprawami.

c) Piecz przez 10 minut, aż grzyby będą miękkie, a szparagi chrupiące.

d) Podawać z dipem.

26. Ciepła sałatka shiitake-jęczmienna

Porcje: 4

Składniki :

- ¾ szklanki jęczmienia perłowego
- ¼ funta grzyby shiitake, usuń łodygi i pokrój kapelusze
- 1 szalotka, drobno pokrojona
- 1 czerwona cebula, przekrojona na pół
- 4 ząbki czosnku, posiekane
- Sól i pieprz do smaku
- 4 łyżki glazury balsamicznej
- 1 łyżka syropu klonowego lub miodu
- 1 duża główka sałaty, porwana
- ¼ szklanki posiekanej natki pietruszki
- ¼ szklanki gałązek koperku, posiekanych

Wskazówki :

a) Do garnka włóż kaszę, czerwoną cebulę, czosnek i sól. Zalej wodą na głębokość około 2 cali, a następnie gotuj na wolnym ogniu, aż ziarna będą miękkie i wchłoną wodę – około 40 minut.

b) Gdy kasza ma około 10 minut, przygotuj chrupiące grzyby. Na patelni rozgrzewamy odrobinę oleju, wrzucamy grzyby i smażymy na złoty kolor przez około 10 minut. Przełożyć na talerz wyłożony papierem kuchennym do odsączenia, następnie posypać solą i pieprzem.

c) Na tę samą patelnię dodaj szalotkę i smaż na złoty kolor. Zdejmij patelnię z ognia, dodaj syrop balsamiczny i klonowy.

d) Dodaj liście sałaty do talerza lub miski sałatkowej. Dodać kaszę jęczmienną i sos balsamiczny, dokładnie wymieszać. Posyp grzybami, natką pietruszki i koperkiem.

e) Można podawać na ciepło lub na zimno.

27. Chrupiące i ciągnące się sezamowe shiitake

Serwuje: 2

Składniki :

- 1 szklanka białego ryżu
- 2 szklanki suszonego shiitake
- ¼ szklanki skrobi kukurydzianej plus dodatkowa ilość
- olej sezamowy
- ¼ szklanki sosu sojowego
- 2 łyżki brązowego cukru
- 2 łyżki octu winnego ryżowego
- 2 ząbki czosnku, posiekane
- 1 kawałek imbiru wielkości kciuka, starty
- 2 łyżeczki ostrego sosu
- 2 cebule dymki, pokrojone w plasterki
- 2 łyżeczki nasion sezamu

Wskazówki :

a) Do miski włóż grzyby i zalej wrzącą wodą. Moczyć przez 40 minut do miękkości, następnie odcedzić. Za pomocą ściereczki odciśnij nadmiar wody z grzybów, uważając, aby ich nie zmiażdżyć. Następnie pokroić w grube plastry i obsypać mąką kukurydzianą.

b) Opłucz ryż, aż woda będzie czysta. To usunie skrobię i powinno sprawić, że ryż będzie lepki. Gotuj zgodnie z instrukcją na opakowaniu, a następnie pozostaw do wyschnięcia na parze.

c) Rozgrzej odrobinę oleju sezamowego w woku lub patelni na średnim ogniu. Gdy się zarumienią, dodaj grzyby i smaż, aż uzyskają złocisty kolor i nie będzie już śladu skrobi kukurydzianej.

d) W międzyczasie w misce wymieszaj sos sojowy, brązowy cukier, ocet ryżowy, czosnek, ostry sos i imbir. Wymieszaj, następnie dodaj do małego rondla i gotuj, aż zgęstnieje.

e) Do sosu dodać grzyby i wymieszać.

f) Rozłóż ryż do misek, posyp grzybami. Dodaj nasiona sezamu i dymkę, następnie podawaj.

28. Dynia żołędziowa i grzyby leśne

Wydajność: 2 porcje

Składniki

- 1 dynia żołędziowa; przekrojony na pół i posadzony
- ½ szklanki suszonej żurawiny lub porzeczek
- ¼ szklanki gorącej wody
- 4 łyżki masła
- 4 uncje świeżych grzybów leśnych (takich jak shiitake); łodygowe i posiekane
- ¼ szklanki posiekanej cebuli
- 1 łyżeczka suszonej szałwii
- 1 szklanka bułki tartej pełnoziarnistej

Wskazówki

a) Rozgrzej piekarnik do 425#161#F. Umieść dynię przekrojoną stroną do dołu w szklanym naczyniu do pieczenia o wymiarach 8 x 8 x 2 cale. Przykryj naczynie szczelnie plastikową folią. Mikrofale na maksymalnej mocy przez 10 minut. Przebij plastik, aby umożliwić ujście pary.

b) Odkryć i obrócić połówki dyni przeciętą stroną do góry. Dopraw ubytki solą i pieprzem. Połącz suszoną żurawinę i gorącą wodę w małej misce. Rozpuść 3 łyżki masła na średniej, ciężkiej patelni na średnim ogniu. Dodać grzyby, cebulę i szałwię

c) Smaż, aż zacznie mięknąć, około 5 minut. Dodaj bułkę tartą i mieszaj, aż okruchy lekko się zarumienią, około 3 minut.

d) Wymieszaj żurawinę z płynem do namaczania. Doprawić do smaku solą i pieprzem. Napełnij farszem połówki dyni. Posmaruj pozostałym masłem. Piec, aż się rozgrzeje i będzie chrupiący na wierzchu, około 10 minut.

29. lasagne z grzybów leśnych i egzotycznych

Wydajność: 9 porcji

Składniki

- 2 łyżki oliwy z oliwek
- 1 duża cebula; mielony
- 2 uncje prosciutto di Parma; drobno posiekane
- 2 łyżki posiekanej szalotki
- 2 łyżki posiekanego czosnku
- ½ szklanki drobno posiekanej natki pietruszki
- 1 funt różnych grzybów dzikich i egzotycznych
- 2 łyżki posiekanej bazylii
- 1 łyżka posiekanego świeżego oregano
- ⅔ szklanki wytrawnego białego wina
- 1 ½ funta pokruszonych pomidorów w puszkach; do 2 funtów
- 2 szklanki świeżego sera ricotta

- 1 jajko
- 2 szklanki startego sera Parmigiano-Reggiano
- ½ szklanki startego sera mozzarella
- 1 sól; do smaku
- 1 świeżo zmielony czarny pieprz
- 1-funtowe świeże arkusze makaronu pokrojone w lasagne; flaczki, blanszowane,
- ½ szklanki gęstej śmietanki
- ¼ szklanki mleka
- 8 suszonych liści bazylii

Wskazówki

a) Rozgrzej piekarnik do 350 stopni. Lekko naoliwij prostokątne naczynie do pieczenia o wymiarach 13 na 9 cali. Na dużej patelni Sauté rozgrzej oliwę z oliwek.

b) Gdy olej będzie gorący, smaż cebulę i prosciutto przez około 4 minuty lub do momentu, aż cebula zwiędnie i lekko się skarmelizuje.

c) Dodaj ½ szklanki natki pietruszki, szalotki i grzybów. Smaż przez 10 minut lub do momentu, aż grzyby staną się złotobrązowe. Doprawić solą i pieprzem.

d) Wymieszaj czosnek, bazylię i oregano. Odcedź mieszaninę grzybów i zachowaj płyn. Umieść płyn z powrotem na patelni i redukuj, aż płyn utworzy glazurę, około 5 minut. Od czasu do czasu skrobaj boki, aby usunąć wszelkie cząsteczki.

e) Dodaj wino i postępuj zgodnie z tą samą procedurą. Dodaj pomidory i kontynuuj gotowanie przez 10 minut.

f) Doprawić solą i pieprzem. Dodaj mieszaninę grzybów do sosu.

g) W misce wymieszaj ser Ricotta, jajko, pozostałą natkę pietruszki, ½ szklanki startego sera Parmigiano-Reggiano i ser Mozzarella.

h) Doprawić solą i pieprzem. Aby połączyć, nałóż niewielką ilość sosu na dno naczynia do pieczenia. Posypać parmezanem. Na sosie ułóż warstwę makaronu. Rozłóż ser na makaronie.

i) Wymieszaj śmietanę z pozostałym serem.

j) Doprawić solą i pieprzem. Wylać na wierzch lasagne. Przykryj lasagne. Piec przez 30 minut pod przykryciem i 10 do 15 minut bez przykrycia lub do momentu, aż lasagne będzie złotobrązowa i stwardnieje.

k) Wyjmij lasagne z piekarnika i odstaw na 10 minut przed pokrojeniem. Połóż porcję lasagne na środku talerza. Udekoruj tartym serem i smażonymi liśćmi bazylii.

30. B BQ Quesadilla z kaczką i grzybami leśnymi

Wydajność: 4 porcje

Składniki

- ½ szklanki grillowanych udek kaczych; mięso oddzielone od kości z 2 udek kaczych bez skóry
- 1 szklanka sosu BBQ z Nowego Meksyku
- ½ szklanki bulionu z kurczaka
- ½ szklanki grillowanych kapeluszy z grzybami shiitake
- 3 tortille z mąki (6 cali).
- ¼ szklanki tartego jacka Monterey
- ¼ szklanki startego białego cheddara
- Sól i świeżo zmielony pieprz
- ½ szklanki pikantnej salsy mango

Wskazówki

a) Włóż nogi do naczynia żaroodpornego i posmaruj sosem. Wlać bulion wokół nóg. Przykryj i piecz przez 3 godziny w temperaturze 300 stopni, polewając sosem BBQ co 30 minut. Pozostaw do ostygnięcia i wybierz mięso z kaczki.

b) Przygotuj ogień z drewna lub węgla drzewnego i pozwól mu spalić się na węgiel.

c) Połóż 2 tortille na powierzchni roboczej. Na każdym rozłóż połowę sera, kaczkę i grzyby, dopraw do smaku solą i pieprzem. Ułóż 2 warstwy, przykryj pozostałą tortillą, posmaruj 1 łyżką oleju i równomiernie posyp chili w proszku. Można przygotować wcześniej i przechowywać w lodówce. Grilluj po 3 minuty z każdej strony lub do momentu, aż tortille będą lekko chrupiące, a ser się roztopi.

d) Pokrój na ćwiartki i podawaj na gorąco, udekorowane salsą.

31. Bułki nadziewane leśnymi grzybami

Wydajność: 4 porcje

Składniki

- 4 okrągłe, dobrej jakości białe bułki
- 2 duże ząbki czosnku, obrane i przekrojone na pół
- 50 mililitrów (2 uncje) oliwy z oliwek
- 200 gramów (7 uncji) grzybów leśnych
- 25 gramów (1 uncja) niesolonego masła
- 50 mililitrów (2 uncje) wody zmieszanej z 1 1/2 łyżeczki soku z cytryny
- Sól i świeżo zmielony czarny pieprz
- 1 łyżeczka świeżej trybuli, posiekanej [zioło z rodziny marchwiowatych]
- Kilka liści estragonu blanszowanych przez kilka sekund we wrzącej wodzie, a następnie posiekanych
- 1 łyżeczka posiekanej świeżej pietruszki
- 50 mililitrów (2 uncje) bitej śmietanki

Wskazówki

a) Rozgrzej piekarnik do 180'C / 350'F / gaz 4. Weź każdą bułkę i odetnij górę około jednej trzeciej wysokości. Wydrąż miękkie wnętrze. Natrzyj wnętrze wgłębienia i górną część „pokrywki" czosnkiem, a następnie posmaruj oliwą te same powierzchnie. Wstawić do nagrzanego piekarnika do wyschnięcia i zarumienienia na 10 minut.

b) Smaż grzyby leśne na maśle przez 1 minutę. Dodaj wodę i sok z cytryny i gotuj przez kolejną minutę z włączonym dzieckiem. Posmakuj, dopraw solą i pieprzem, następnie zachowaj. Do ubitej śmietany dodać posiekane zioła, następnie spróbować i doprawić solą i pieprzem.

c) Tuż przed podaniem ubić bitą śmietanę z grzybami i ich sokiem. Rozłóż grzyby pomiędzy wgłębieniami w każdej bułce i polej sosem dookoła. Nakryć „pokrywkami" i podawać.

32. Halibut z leśnymi grzybami i szpinakiem

Wydajność: 4 porcje

Składniki

- ¼ szklanki świeżego soku z limonki
- 1 łyżka sosu sojowego o niskiej zawartości sodu
- 2 ząbki czosnku; mielony
- 2 łyżeczki oleju arachidowego
- 2 łyżeczki bulionu z kurczaka
- 1 łyżeczka zielonej cebuli; mielony
- ¼ łyżeczki płatków czerwonej papryki
- 4 filety z halibuta; około 5 uncji. każdy o grubości 1 cala
- 1 szklanka dowolnego dzikiego grzyba pokrojonego na kawałki
- 2 łyżki bulionu z kurczaka
- 1 łyżka szalotki; mielony
- 2 ząbki czosnku; mielony
- 2 pęczki szpinaku; oczyszczone i przycięte

- Pieprz

Wskazówki

a) Połącz pierwsze 7 składników halibuta w małej misce. Umieść halibuta w naczyniu do pieczenia. Zalać marynatą halibuta i wstawić do lodówki na 1 godzinę. Doprowadź bulion, szalotkę i czosnek do wrzenia na dużej, ciężkiej patelni na dużym ogniu. Dodaj szpinak; przykryj i gotuj, aż szpinak zwiędnie, około 2 minut. Zdjąć z ognia. Doprawić solą i pieprzem. Przykryj i trzymaj w cieple.

b) W międzyczasie rozgrzej brojler. Przenieś halibuta na patelnię z brojlerami; rezerwowa marynata. Podsmaż halibuta, aż będzie nieprzezroczysty na wierzchu, około 3 minut.

c) Odwróć halibuta na drugą stronę i dodaj grzyby na patelnię z brojlerami. Kontynuuj smażenie, aż halibut będzie ugotowany, a grzyby miękkie, około 3 minuty.

d) Zagotuj zarezerwowaną marynatę w małym, ciężkim rondlu. W razie potrzeby odcedź szpinak i podziel go na 4 talerze. Na wierzchu halibut.

e) Zalać marynatą, udekorować grzybami i podawać.

33. Krem z grzybów i dzikiego ryżu

Wydajność: 1 porcja

Składniki

- 7 łyżek masła (podzielone); (7/8 patyków)
- 4 łyżki mąki uniwersalnej
- 1 szklanka gorącego mleka; (odtłuszczone lub 2%)
- 2 szklanki wywaru warzywnego; (podzielony)
- ½ szklanki pokrojonej cebuli; (podzielony)
- ½ łyżeczki papryki
- ½ łyżeczki mielonej gałki muszkatołowej; (około) (podzielony)
- 3 szklanki pokrojonych w plasterki grzybów; (podzielone) (cienkie plasterki)
- 1 liść laurowy
- ¼ szklanki posiekanego selera
- 4 całe goździki
- 1 szklanka gorącego, ugotowanego dzikiego ryżu; (postępuj zgodnie ze wskazówkami na opakowaniu)
- 1 łyżka posiekanej natki pietruszki

- ¼ szklanki wytrawnego białego wina
- Sól i pieprz; do smaku

Wskazówki

a) Rozpuść 4 łyżki masła w dużym rondlu na małym ogniu. Dodać mąkę i smażyć przez 3 minuty, ciągle mieszając. Powoli dodaj gorące mleko i 1 szklankę bulionu. Gotuj sos na małym ogniu, ciągle mieszając drewnianą łyżką, aż będzie gładki, około 15 minut. W drugim rondlu rozpuść 1 łyżkę pozostałego masła. Dodaj ¼ szklanki cebuli, paprykę i ⅛ łyżeczki gałki muszkatołowej i gotuj 2 minuty. Dodaj do pierwszej mieszanki i wymieszaj do połączenia.

b) Na tej samej patelni podsmaż 2 szklanki pokrojonych w plasterki grzybów na pozostałych 2 łyżkach masła. Dodaj liść laurowy, pozostałą ¼ szklanki pokrojonej cebuli, posiekany seler, goździki i pozostałą 1 szklankę bulionu. Przykryj i gotuj na średnim ogniu przez 10 minut.

c) Mieszaj mieszaninę w blenderze lub robocie kuchennym, aż będzie gładka, około 1 minuty.

d) Przecedzić mieszaninę grzybów i selera przez drobne sito, a mąkę i mleko przez durszlak. Wyrzuć kawałki warzyw.

e) Obie mieszaniny włóż z powrotem do dużego rondla i połącz. Gotuj przez 5 minut na małym ogniu, mieszając, aż mieszanina będzie gładka.

f) Wymieszaj ryż, pozostałą 1 szklankę pokrojonych w plasterki grzybów, pietruszkę i wino. W razie potrzeby dodać sól i pieprz. Wyjąć liść laurowy, w razie potrzeby posypać gałką muszkatołową i podawać. Na 6 do 7 porcji.

34. Zupa z kurczaka, grzyby i kulki macy

Wydajność: 1 porcja

Składniki

- 1 łyżka oleju roślinnego
- 1 3-funtowy kurczak; pociąć na kawałki
- 2 duże cebule; pokroić na 1-calowe kawałki
- 12 szklanek wody
- 3 łodygi selera; pokroić na 1-calowe kawałki
- 3 gałązki świeżej pietruszki
- 2 liście laurowe
- 1 uncja suszonych grzybów shiitake
- 2 szklanki gorącej wody
- ⅓ szklanki tłuszczu z kurczaka; (zarezerwowane z magazynu lub zakupione)
- 4 duże jajka
- 2 łyżki posiekanego świeżego szczypiorku

- 1 ½ łyżki posiekanego świeżego estragonu lub 1 1/2 łyżeczki suszonego; rozdrobniony
- 1 ½ łyżeczki soli
- ¼ łyżeczki pieprzu
- 1 szklanka niesolonej mączki z macy
- 3½ kwarty wody; (14 filiżanek)
- 1 łyżeczka posiekanego świeżego estragonu lub 1/4 łyżeczki suszonego, pokruszonego
- Posiekany świeży szczypiorek
- 8 porcji

Wskazówki

a) Na zupę: Rozgrzej olej w dużym, ciężkim garnku na średnim ogniu. Dodaj kurczaka i cebulę i smaż, aż się zrumienią, często mieszając, około 15 minut. Dodaj 12 szklanek wody, seler, pietruszkę i liście laurowe. Doprowadzić do wrzenia, szumując na powierzchni. Zmniejsz ogień i gotuj na wolnym ogniu, aż zmniejszy się do 8 filiżanek, około 5 godzin. Przecedź do miski. Przykryj i przechowuj w lodówce, aż tłuszcz stwardnieje na wierzchu.

b) Usuń tłuszcz z zupy i zachowaj tłuszcz na kulki macy.

c) Kulki Matzo: Umieść grzyby shiitake w małej misce. Zalej 2 szklankami gorącej wody. Pozostawić do namoczenia, aż zmięknie, około 30 minut.

d) Rozpuść ⅓ szklanki tłuszczu z kurczaka i ostudź. Połącz roztopiony tłuszcz z kurczaka, ¼ szklanki płynu do namaczania shiitake (resztka), jajka, 2 łyżki szczypiorku, 1½ łyżki estragonu, 1 ½ łyżeczki soli i ¼ łyżeczki pieprzu w średniej misce i wymieszaj, aby wymieszać. Wymieszać z macą. Przykryj i przechowuj w lodówce przez 3 godziny. (Można przygotować 1 dzień wcześniej. Zalać grzyby płynem, w którym się moczyły i przechowywać w lodówce.)

e) Odmierz 3 ½ litra wody do dużego garnka. Obficie posolić i doprowadzić do wrzenia. Zwilżonymi rękami uformuj zimną mieszankę macy w 1-calowe kulki i dodaj do wrzącej wody. Przykryj i gotuj, aż kulki macy będą ugotowane i miękkie, około 40 minut. (Aby sprawdzić, czy są gotowe, usuń 1 kulkę macy i rozetnij ją.) Przenieś kulki macy na talerz za pomocą łyżki cedzakowej.

f) Odcedź grzyby, zachowując płyn. Pieczarki pokroić w cienkie plasterki, odrzucając łodygi. Połącz pozostały płyn do namaczania grzybów, grzyby, rosół i 1 łyżeczkę świeżego estragonu w dużym, ciężkim rondlu i zagotuj.

g) Doprawić do smaku solą i pieprzem. Dodaj kulki macy i gotuj na wolnym ogniu, aż się rozgrzeją, nalewaj zupę do misek. Udekorować szczypiorkiem i podawać.

35. Mieszane grzyby banh mi

Sprawia, że 2

Składniki

- 100 g grzybów shiitake
- 50 g grzybów enoki
- 50 g boczniaków
- 2 łyżki oleju sezamowego
- 1 łyżka posiekanej trawy cytrynowej
- 1 łyżeczka posiekanego czerwonego chili
- ½ łyżeczki soli
- 1 łyżeczka sosu sojowego
- 2 bagietki
- 1 łyżka masła orzechowego
- 8 plasterków ogórka
- 6 gałązek kolendry, posiekanych
- 1 łyżeczka nasion sezamu, prażonych

Wskazówki

a) Pokrój grzyby shiitake i boczniaki, a następnie odetnij korzenie grzybów enoki.

b) Na patelni lub woku rozgrzej oliwę na średnim ogniu, dodaj trawę cytrynową i chili, następnie smaż przez kilka minut, aż trawa cytrynowa stanie się lekko brązowa i zacznie pachnieć. Dodaj wszystkie grzyby i dobrze wymieszaj, a następnie posyp solą. Dodaj sos sojowy i dopraw do smaku.

c) Aby złożyć banh mi, przekrój bagietki wzdłuż i usuń część ciasta z ciasta. Zamknij ponownie i lekko podpiecz chleb na grillu lub w piekarniku, aby wnętrze było ciepłe, a na zewnątrz chrupiące.

d) Posmaruj chleb masłem orzechowym, a następnie równomiernie rozłóż grzyby na bagietkach. Na wierzchu ułożyć plasterki ogórka, grubo posiekać kolendrę i posypać. Posypać nasionami sezamu, następnie delikatnie odsunąć wszystkie składniki małym nożem od brzegów, zamknąć i zjeść.

36. Nadziewane shiitake

Służy 4

Składniki

- 12 średniej wielkości shiitake, oczyszczonych, łodygi wyrzucone
- Mąka zwykła, do podsypania
- 300 g mielonego kurczaka
- 150 g mielonej krewetki
- 3 cebule dymki, drobno posiekane
- 1 łyżeczka korzenia imbiru, drobno posiekanego
- 1 łyżka sake (wina ryżowego)
- 1 łyżka sosu sojowego
- Oliwa z oliwek, do smażenia
- Sól

na sos

- 4 łyżki sosu sojowego
- 2 łyżki mirinu (słodzonego wina ryżowego)
- 1 łyżka cukru pudru
- 1 łyżka sake

Wskazówki:

a) Oprósz mąką wewnętrzną część shiitake. Wymieszaj kurczaka, krewetki, dymkę, imbir, sake, sos sojowy i szczyptę soli, a następnie wypełnij wnękę każdego grzyba.

b) Smaż delikatnie po 5 minut z każdej strony na odrobinie oliwy z oliwek, pod przykryciem. Odkryć i dodać składniki na sos. Pozwól im się podgrzać i trochę odparować.

c) Podawaj po trzy na osobę, z odrobiną sosu na każdej.

GRZYBY ENOKI

37. Smażyć grzyby Enoki

Serwuje: 2

Składniki

- 2x makaron ryżowy gniazdowy
- 2 łyżeczki mirinu
- 1 łyżka oleju sezamowego
- 1 duża marchewka, obrana w cienkie paski
- 1 czerwona papryka, drobno posiekana
- 1x puszka (7 uncji) pędów bambusa
- 1 czerwona papryczka chili, drobno pokrojona i usunięta z nasion
- 6 zielonych cebul, drobno pokrojonych
- 2 ząbki czosnku, posiekane
- 1 mały kawałek imbiru, obrany i starty
- 2 łyżki octu ryżowego
- 1 łyżka cukru
- 1 łyżeczka płatków chili
- 2 łyżki sosu sojowego
- 1 pęczek grzybów enoki
- 2 duże jajka
- 2 łyżeczki nasion sezamu

Wskazówki

a) Do miski włóż obraną marchewkę i zalej 1 łyżką octu ryżowego, całym cukrem i płatkami chili. Czystymi rękami wciśnij ocet do marchewki. Odłóż na bok, aby przygotować szybką marynatę.

b) Ugotuj gniazda makaronu ryżowego zgodnie z instrukcją na opakowaniu, następnie odcedź i pozostaw do wyschnięcia na durszlaku.

c) Rozgrzej wok (lub patelnię, jeśli jej nie masz) na średnim ogniu i dodaj olej sezamowy. Obracaj wokiem, aby pokryć jego dno i boki. Gdy będzie gorące, dodaj paprykę, pędy bambusa i marynowaną marchewkę. Gotuj warzywa przez około 4 minuty, ciągle mieszając, aż warzywa zmiękną.

d) Dodaj grzyby enoki, czosnek i imbir i smaż przez kolejną minutę, aż czosnek zacznie pachnieć. Dodać makaron, następnie wlać resztę octu ryżowego i cały sos sojowy. Zmniejsz ogień do niskiego i wrzuć.

e) W międzyczasie rozgrzej odrobinę łagodnego oleju jadalnego na dużej patelni z powłoką nieprzywierającą i usmaż dwa jajka. Gdy uzyskasz pożądaną konsystencję, podziel smażony makaron pomiędzy miski i na wierzch włóż po jednym jajku.
f) Posyp wierzch pokrojoną w plasterki zieloną cebulą i nasionami sezamu i podawaj. Jeśli chcesz, możesz dodać także odrobinę soku z limonki.

38. Smażone grzyby Enoki

Porcje: 4

Składniki

- 8 uncji grzybów enoki
- 2 łyżki oleju sezamowego
- 1 łyżka sosu sojowego
- 2 ząbki czosnku, drobno posiekane
- 4 zielone cebule, usunąć białą część i zielone wierzchołki pokroić w cienkie plasterki

Wskazówki

a) Usuń dolny koniec łodyg enoki. Opłucz je i osusz papierem kuchennym.
b) Rozgrzej olej sezamowy na średnim ogniu w woku lub na patelni. Gdy olej będzie bardzo gorący, dodaj grzyby i smaż przez około 1-2 minuty. Podrzucaj je w powietrzu co 10-20 sekund, aby je przewrócić i smażyć ze wszystkich stron.
c) Zmniejsz ogień, dodaj czosnek i smaż przez kolejne 30 sekund.
d) Dodaj sos sojowy i zdejmij patelnię z ognia. Podawaj natychmiast i posyp pokrojoną w plasterki zieloną cebulą.

39. Zupa Grzybowa Enoki

Serwuje: 2

Składniki

- ½ funta grzyby enoki, korzenie usunięte
- 3 ząbki czosnku, posiekane
- 2 łyżki ketchupu
- 2 łyżki miso
- 1 tajska papryczka chili, drobno pokrojona
- 1 łyżka oleju sezamowego
- ½ szklanki bulionu warzywnego
- Pęczek świeżej kolendry, grubo posiekanej

Wskazówki

a) Najpierw podgrzej olej sezamowy w garnku na średnim ogniu. Dodaj posiekany czosnek i delikatnie smaż, aż zacznie pachnieć; uważaj, żeby go nie spalić.
b) Mieszaj ketchup, aż olej na dnie zacznie czerwienieć. Następnie wlać bulion warzywny. Dodać czerwoną pastę miso i wymieszać do połączenia.
c) Posyp grzybami enoki i smaż przez 1-2 minuty, aż zmiękną.
d) Za pomocą chochli podziel zupę na talerze. Posyp kolendrą i kilkoma kawałkami chili. Opcjonalnie dodaj kolejną kroplę oleju sezamowego.

40. Masala z grzybami Enoki

Porcje: 4

Składniki

- 1 funt grzybów enoki (około 4 grona)
- 1 zielona papryka, pokrojona w kostkę
- 1 duża cebula, pokrojona w kostkę
- 4 ząbki czosnku, posiekane
- 1-calowy kawałek imbiru, starty
- 1 chili, drobno pokrojone
- 1 puszka posiekanych pomidorów
- 1 łyżeczka cukru
- 1 łyżka masła lub ghee
- Świeża kolendra, grubo posiekana

Do curry w proszku

- 1 łyżeczka nasion kminku
- 1 łyżeczka nasion kolendry
- 3 strąki kardamonu
- 1-calowa laska cynamonu
- ½ łyżeczki czarnego pieprzu
- 1 łyżeczka mielonego chili w proszku
- 1 łyżeczka mielonej kurkumy

Wskazówki

a) Aby przygotować curry, dodaj nasiona kminku, nasiona kolendry, strąki kardamonu, laskę cynamonu i ziarna pieprzu na suchą patelnię i postaw na małym-średnim ogniu. Lekko opiekaj, aż zacznie wydzielać zapach, ale nie pozwól, aby się przypaliły, bo staną się gorzkie. Gdy zacznie pachnieć, przenieś do robota kuchennego lub tłuczka i moździerza i zmiażdż/zmiksuj na drobny proszek. Następnie dodaj chili i kurkumę.
b) Przygotuj dowolny ryż, którego używasz, zgodnie z instrukcją na opakowaniu.
c) Rozgrzej patelnię z płaskim dnem na średnim ogniu, dodając masło lub ghee. Gdy się roztopi, dodać pokrojoną w kostkę cebulę. Gotuj, aż zmięknie i zacznie pachnieć, najlepiej ze szczyptą soli. Następnie dodajemy czosnek, imbir i paprykę i smażymy kolejną minutę.
d) Dosypujemy przyprawę w proszku i smażymy kolejną minutę. Jeśli przykleiło się do dna, dolej odrobinę wody.

e) Dodać puszkę pokrojonych pomidorów, następnie napełnić puszkę do połowy wodą i dodać na patelnię. Dodaj cukier i grzyby, zagotuj, zmniejsz ogień i gotuj przez trzydzieści minut lub do momentu, aż sos zgęstnieje.
f) Podawać na ryżu, posypując curry świeżą kolendrą.

41. Grzyby Enoki Z Tofu

Serwuje: 3

Składniki

- 17 uncji (500 g) twardego tofu w bloku, sprasowanego
- 5 uncji grzyby enoki
- 2 szalotki, pokrojone w plasterki, oddzielone od siebie białka i warzywa
- ¼ szklanki sosu sojowego
- 1 łyżka mirinu
- 2 łyżki octu ryżowego
- 2 łyżki oleju sezamowego
- 1 ½ łyżki gochujang
- 2 ząbki czosnku, posiekane
- 1 łyżka cukru
- 1 ½ szklanki ugotowanego ryżu
- 1 łyżka nasion sezamu

Wskazówki

a) W misce wymieszaj białe części szalotki z sosem sojowym, mirinem, olejem sezamowym, octem ryżowym, gochujangiem, czosnkiem i cukrem. Wlać również ½ szklanki wody i dobrze wymieszać, aż pasta gochujang się rozpuści.
b) Tofu pokroić na kawałki o grubości ½ cala. Zarówno kwadraty, jak i prostokąty działają.
c) Rozgrzej nieprzywierającą patelnię z grubym dnem i głębokimi bokami na średnim ogniu i pokryj dno olejem roślinnym. Gdy będzie gorące, dodaj tofu. Smaż kawałki tofu przez około 5 minut z każdej strony, aż uzyskają złoty kolor. Być może będziesz musiał pracować partiami.
d) Na patelnię dodaj grzyby enoki. Utrzymuj ogień na średnim poziomie i wlej sos. Gdy się zagotuje, zmniejsz ogień.
e) Za pomocą łyżki nabieraj sos na wierzch tofu. Gotuj przez kolejne 5 minut, aby wchłonąć sos i aż grzyby będą ugotowane.

f) Podawać na ryżu, posypać zielonymi częściami cebuli i ziarnami sezamu. Aby uzyskać dodatkowego kopa, dodaj domowe kimchi.

42. Zupa Enoki

Wydajność: 4 porcje

Składnik

- 4 szklanki bulionu wołowego o niskiej zawartości sodu
- 1 mała marchewka, pokrojona w cienkie plasterki
- 1 wewnętrzna łodyga selera,
- Posiekana
- ½ małego urlopu Bay
- 1 łyżeczka suszonej mięty
- 1 łyżka cukru
- 2 szklanki czerwonego wina
- 1 kwarta bardzo dojrzałych truskawek
- Łuszczone
- 16 grzybów Enoki, przyciętych i umytych

Wskazówki:

a) W rondlu połącz pierwsze siedem składników. Doprowadzić do wrzenia, następnie gotować pod częściowym przykryciem przez 20 minut. Ostudzić i odcedzić bulion, wyrzucić warzywa. W robocie kuchennym połącz truskawki z jedną szklanką bulionu. Puree.

b) Wymieszaj puree z pozostałym bulionem. Schłodź dwie godziny. W każdej misce ułóż cztery grzyby.

43. Zupa rybna z grzybami enoki

Wydajność: 10 porcji

Składnik

- 4 funty Głowy i kości białej ryby
- Takie jak podeszwa; flądra, lucjan lub okoń
- 1 średnia cebula; pokroić na kawałki
- ½ główki kopru włoskiego; pokroić na kawałki
- 2 marchewki; pokroić na kawałki
- 2 łodygi selera; pokroić na kawałki
- 2 łyżki niesolonego masła
- 10 świeżych łodyg trawy cytrynowej
- 1 szklanka sake
- 1 kawałek imbiru - (1"); obrany, pokrojony w plasterki
- Niegęsto
- 5 gałązek natki pietruszki płaskolistnej

- 5 gałązek świeżej kolendry
- Dodatkowe liście kolendry; do przybrania
- 10 całych ziaren czarnego pieprzu
- 1¾ funta nóg kraba królewskiego; usunięte łuski,
- Pokrój na kawałki 1/2 cala
- 7 uncji grzybów Enoki;
- Łącznie z czapkami
- Sól; do smaku

Wskazówki:

a) Umieść cebulę, koper włoski, marchew i seler w robocie kuchennym; pulsować aż do średnio drobnego. Na średnim ogniu rozpuść masło w 12-litrowym garnku. Dodaj przetworzone warzywa i gotuj, mieszając od czasu do czasu, aż będą miękkie, od 8 do 10 minut.

b) Przetnij 6 łodyg trawy cytrynowej wzdłuż na pół; odłożyć na bok. Usuń i wyrzuć twarde zewnętrzne warstwy pozostałych 4 łodyg; pokroić w poprzek bardzo cienkie plasterki i odłożyć. Dodaj rybie głowy i ości do bulionu; podnieś temperaturę do średnio-wysokiej.

c) Gotuj, mieszając od czasu do czasu, przez 3 do 5 minut. Dodaj sake, imbir, łodygi trawy cytrynowej, pietruszkę, kolendrę, ziarna pieprzu i $2\frac{1}{2}$ litra wody.

d) Zmniejsz ogień do niskiego, usuń pianę, która wypłynęła na powierzchnię i gotuj na wolnym ogniu przez 25 minut.

e) Zdjąć z ognia; odstaw na 10 minut. Przelać przez sitko wyłożone podwójną warstwą zwilżonej gazy; wyrzucić ciała stałe. Odskrobać tłuszcz. Dodaj mięso kraba, zarezerwowane plasterki trawy cytrynowej i grzyby; Sezon z solą.

f) Ponownie postaw zupę na średni ogień i gotuj przez 10 minut. Wlać zupę do 12 bardzo małych naczyń, np. kubeczków do sake. Udekoruj każdą porcję listkiem kolendry i podawaj. Uzupełnij w razie potrzeby. Porcja od 10 do 12.

BOCZNIAKI

44. Dip z ostryg

Składniki

- 1-funtowe świeże boczniaki, ręcznie rozdrobnione
- 2 łyżki masła
- 1/2 łyżeczki drobno posiekanej czerwonej cebuli
- posyp ostrym sosem Crystal
- posypać grubo zmielonym czarnym pieprzem
- 1/4 łyżeczki gałki muszkatołowej
- 1/4 szklanki kwaśnej śmietany
- 3 uncje serka śmietankowego, miękkiego
- 1 łyżeczka soku z cytryny
- 2 łyżki mleka

Wskazówki:

a) Pieczarki smażymy przez minutę na maśle.
b) Dodać cebulę, ostry sos, pieprz i gałkę muszkatołową.
c) Widelcem rozgnieć w misce serek śmietankowy; wymieszać ze śmietaną, sokiem z cytryny i mlekiem.
d) Dodaj mieszaninę grzybów; Dobrze wymieszać.

e) Podawać z frytkami, krakersami lub dipami warzywnymi.
f) Na 1 filiżankę.

45. Sałatka z rukoli i boczniaków

Porcja 4 – 6

Składniki :

- 3 łyżki oliwy z oliwek extra virgin
- 1/2 funta boczniaków, pokrojonych w grube plasterki
- Sól i świeżo zmielony pieprz
- 2 łyżki octu balsamicznego
- 1/2 łyżeczki drobno startej skórki z cytryny
- 2 wewnętrzne żeberka selera, pokrojone w zapałki i liście selera pokrojone w julienne, do dekoracji
- 5 szklanek młodej rukoli
- 3 uncje Pecorino Romano lub innego ostrego sera, obrane obieraczką do warzyw
- 3 uncje cienko pokrojonego prosciutto di Parma

Wskazówki:

a) Na dużej patelni z powłoką nieprzywierającą rozgrzej 1 łyżkę oliwy z oliwek. Dodać grzyby i doprawić solą i pieprzem.

b) Gotuj na umiarkowanie dużym ogniu, mieszając od czasu do czasu, aż będzie miękki i lekko rumiany, około 6 minut. Pieczarki przełóż do miski i odstaw do ostygnięcia.

c) W dużej misce wymieszaj ocet ze skórką cytryny i pozostałymi 2 łyżkami oliwy z oliwek. Doprawić solą i pieprzem. Dodać zapałki selera, rukolę i grzyby i delikatnie wymieszać.

d) Przełóż sałatkę na duży talerz lub miskę, posyp Pecorino Romano, prosciutto i liśćmi selera. Podawaj od razu.

46. Makaron Z Pieczarkami I Gremolatą

Składniki

- 2 pulchne ząbki czosnku, drobno posiekane
- 1/2 szklanki drobno posiekanej natki pietruszki o płaskich liściach
- 1 łyżka drobno posiekanej skórki z cytryny
- 2 łyżki oliwy z oliwek z pierwszego tłoczenia
- 1-funtowe świeże boczniaki, przycięte
- Sól dla smaku
- 2 łyżki wytrawnego białego wina
- Świeżo zmielony czarny pieprz
- 12 uncji fettuccini lub farfalle
- 1/4 do 1/2 szklanki wody z gotowania makaronu, do smaku
- 1/4 do 1/2 szklanki świeżo startego parmezanu

Wskazówki:

a) Aby przygotować Gremolatę, włóż posiekany czosnek, pietruszkę i skórkę z cytryny do kopczyka i posiekaj je razem. Odłożyć na bok.

b) Zacznij podgrzewać w dużym garnku wodę na makaron. W międzyczasie rozgrzej dużą, ciężką patelnię lub wok na średnim ogniu. Dodaj 1 łyżkę oliwy z oliwek, a gdy będzie gorąca, dodaj grzyby.

c) Smaż grzyby, mieszając drewnianą łyżką lub wrzucając na patelnię, aż lekko się zrumienią i zaczną się pocić. Dodaj sól i białe wino i kontynuuj gotowanie, mieszając lub wrzucając grzyby na patelnię, aż wino prawie odparuje, a grzyby się zeszklą, około 5 minut.

d) Dodać pozostałą łyżkę oliwy oraz gremolatę i pieprz. Gotuj, mieszając, aż zacznie pachnieć, jeszcze około 1 minuty. Spróbuj i dopraw solą. Trzymaj mieszaninę w cieple podczas gotowania makaronu.

e) Gdy woda się zagotuje, obficie posolić i dodać makaron. Gotuj al dente, przestrzegając wskazówek czasowych na opakowaniu. Przed odcedzeniem odlej 1/2 szklanki wody z gotowania makaronu. Dodaj 1/4 szklanki do grzybów i wymieszaj.

f) Odcedzić makaron i wymieszać z grzybami w dużej misce lub na patelni. Jeśli wydaje się suche, dodaj 2 do 4 łyżek wody zarezerwowanej do gotowania. W razie potrzeby podawaj z parmezanem.

47. Mieszanka brokułowo-grzybowa

Wydajność: 6 porcji

Składniki

- 1-1/2 funta świeżych brokułów, podzielonych na różyczki
- 1 łyżeczka soku z cytryny
- 1 łyżeczka soli, opcjonalnie
- 1 łyżeczka cukru
- 1 łyżeczka skrobi kukurydzianej
- 1/4 łyżeczki mielonej gałki muszkatołowej
- 1-funtowe świeże boczniaki, ręcznie rozdrobnione
- 1 średnia cebula, pokrojona w pierścienie
- 1 do 2 ząbków czosnku, posiekanych
- 3 łyżki oliwy z oliwek

Wskazówki:

a) Brokuły gotuj na parze przez 1-2 minuty lub do momentu, aż będą chrupiące i miękkie.
b) Opłucz w zimnej wodzie i odłóż na bok.
c) W misce wymieszaj sok z cytryny, sól według uznania, cukier, skrobię kukurydzianą i gałkę muszkatołową; odłożyć na bok.
d) Na dużej patelni lub woku na dużym ogniu smaż na oleju grzyby, cebulę i czosnek przez 3 minuty. Dodaj mieszaninę brokułów i soku z cytryny; smażyć mieszając przez 1-2 minuty. Natychmiast podawaj.

48. Zielone ganganelli z boczniakami

Wydajność: 1 porcja

Składniki:

- Świeży zielony makaron, rozwałkowany na najcieńszą warstwę, na maszynie
- 4 łyżki oliwy z pierwszego tłoczenia
- 1 średnia czerwona cebula, w kostce 1/8 cala
- 3 łyżki posiekanych świeżych liści rozmarynu
- 1 funt świeżych boczniaków, w kawałkach 1/2 cala
- ½ szklanki białego wina
- ½ szklanki podstawowego sosu pomidorowego

Wskazówki:

a) Zagotuj 6 litrów wody i dodaj 2 łyżki soli.

b) Pokrój makaron na 2-calowe kwadraty, a następnie owiń je wokół ołówka, tworząc spiczaste kolce. Odłożyć na bok.

c) Na patelni Sauté o średnicy 12-14 cali rozgrzej olej, aż zacznie dymić. Dodaj cebulę i rozmaryn i gotuj, aż zmiękną i pachną, około 6 do 7 minut.

d) Dodaj grzyby i gotuj, aż zwiędną, 3 do 4 minut. Dodać białe wino i sos pomidorowy i doprowadzić do wrzenia. Zmniejsz ogień i gotuj na wolnym ogniu przez 5 do 6 minut.

e) W międzyczasie wrzuć makaron do wody i gotuj do miękkości, od 8 do 11 minut. Makaron odcedzamy i dodajemy na patelnię z grzybami. Wymieszaj i natychmiast podawaj.

49. Boczniaki ziołowe gotowane na parze

Wydajność: 4 porcje

Składniki:

- 1 funt boczniaków
- ¼ szklanki oliwy z oliwek
- 1 sól; do smaku
- 1 świeżo zmielony czarny pieprz; do smaku
- 5 gałązek tymianku
- 5 gałązek rozmarynu
- 5 gałązek szałwii
- 5 gałązek pietruszki
- 10 całych ząbków czosnku
- 2 szklanki białego wina
- 4 liście radicchio do filiżanek
- Winegret ziołowy

Wskazówki:

a) W misce wymieszaj grzyby z oliwą, solą i pieprzem.

b) Używając grzbietu noża, delikatnie rozgnieć zioła i umieść je na dnie głębokiej patelni Sauté. Czosnek rozgnieć płaską częścią noża i ułóż wokół ziół. Wino zalać ziołami i czosnkiem. Włóż patelnię do gotowania na parze na głęboką patelnię Sauté.

c) Wypełnij dno naczynia do gotowania na parze równą warstwą grzybów.

d) Całą patelnię szczelnie przykrywamy folią. Postaw na średnim ogniu i gotuj na parze przez 10 minut. Połóż kubki radicchio na talerzach.

e) Ostrożnie wyjmij grzyby i umieść je w pucharkach z radicchio. Skropić ziołowym winegretem i podawać.

50. Linguine z sosem boczniakowym

Wydajność: 4 porcje

Składniki:

- 2 szklanki boczniaków; (około 1/4 funta)
- 1 łyżka oliwy z oliwek
- 1 ząbek czosnku; mielony
- ½ łyżeczki soli
- 1 szczypta świeżo startej gałki muszkatołowej
- ½ szklanki bulionu warzywnego
- ½ szklanki sosu pomidorowego
- ½ szklanki mleka o niskiej zawartości tłuszczu
- 2 łyżki posiekanej świeżej natki pietruszki
- ¾ funta Linguine
- ¼ szklanki świeżo startego parmezanu; (opcjonalny)

Wskazówki:

a) Możesz użyć zwykłych pieczarek lub innej odmiany, w zależności od ducha przygody. Boczniaki mają jednak wyjątkowy smak.

b) Grzyby pokroić w kostkę. Rozgrzej olej na dużej, nieprzywierającej patelni na średnim ogniu. Dodaj grzyby i gotuj, mieszając od czasu do czasu, 4 do 5 minut. Dodaj czosnek, sól i gałkę muszkatołową i gotuj, mieszając, 1 minutę.

c) Dodać bulion, sos pomidorowy i mleko i doprowadzić do wrzenia. Zmniejsz ogień, przykryj i gotuj na wolnym ogniu przez 10 minut lub do momentu, aż grzyby będą miękkie. Wymieszać z pietruszką i zdjąć z ognia.

d) Podczas smażenia grzybów zagotuj w dużym garnku wodę. Gotuj linguine do miękkości, około 9 do 11 minut. Odpływ.

e) Umieść linguine w ogrzanej misce i polej sosem grzybowym. W razie potrzeby dodać starty parmezan.

f) Boczniaki mają smak, kolor i konsystencję przypominającą owoce morza.

g) Pokrojone w kostkę grzyby dają sos przypominający wyglądem sos z małży. Czasami ci, którzy dopiero zaczynają przygodę z kuchnią wegetariańską, lubią jeść dania, które wyglądają znajomo.

51. Zupa z boczniaków ostrygowych

Wydajność: 6 porcji

Składniki:

- 1 litr ostryg
- 1 szklanka likieru ostrygowego
- 3 łyżki masła
- 1 łyżka mąki
- 1 szklanka mleka
- ½ szklanki śmietanki
- 2 łyżki szalotki, posiekanej
- Sól i pieprz
- ½ funta grzybów
- 2 łyżeczki natki pietruszki, posiekanej

Wskazówki:

a) Ostrygi podgrzewaj w alkoholu na małym ogniu, aż brzegi się zwiną. Odcedź, oszczędzając alkohol.

b) Rozpuść 1 łyżkę masła, wymieszaj z mąką, stopniowo dodawaj mleko, ciągle mieszając. Doprowadzić do wrzenia i gotować przez 1 minutę.

c) Dodać śmietanę, szalotkę, natkę pietruszki, sól i pieprz. Podgrzej grzyby na pozostałym maśle, aż się rozgrzeją, ale nie zrumienią.

d) Połączyć grzyby, ostrygi i likier ostrygowy z sosem śmietanowym. Natychmiast podawaj.

52. Boczniaki z linguini

Wydajność: 1 porcja

Składniki:

- 1 mała cebula; pokrojone w kostkę
- 1 ząbek czosnku; mielony
- 50 gramów świeżej rukoli
- 200 gramów boczniaków
- 100 mililitrów Bulion warzywny – podwójna siła
- 2 kieliszki białego wina
- Oliwa z oliwek
- 100 gramów grzybów; pokrojone w kostkę
- 100 gramów makaronu Linguini
- 2 łyżki brandy
- Sól i mielony czarny pieprz
- 150 mililitrów soi

Wskazówki:

a) Aby przygotować sos z białego wina, podsmaż cebulę na oliwie z oliwek. Dodać czosnek i po 1 minucie dodać posiekane grzyby. Gotuj przez 4 minuty, aż przestanie wytwarzać się płyn. Dodaj brandy i podpal. Dodać bulion i wino, zredukować.

b) Na drugiej patelni smaż boczniaki na oliwie z oliwek przez 4 minuty. Zagotuj osoloną wodę i ugotuj linguini. W ostatniej minucie gotowania dodaj liście rukoli. Dodaj Soya Dream do sosu i podgrzej.

c) Odcedź linguini, dodaj odrobinę oliwy z oliwek, zmiel pieprz i nałóż na talerz. Na talerzu ułóż boczniaki w kałuży sosu z białego wina.

53. Marynowane boczniaki z chili

Wydajność: 1 porcja

Składniki:

- 6 ząbków czosnku
- 300 mililitrów oliwy z oliwek z pierwszego tłoczenia z Australii Południowej
- 4 Tace z boczniakami
- 2 małe ostre chilli; bardzo drobno posiekane
- 4 duże słodkie czerwone chilli; posiewane i drobno
- ½ łyżeczki soli morskiej
- ½ łyżeczki grubo mielonego czarnego pieprzu
- 300 mililitrów octu balsamicznego
- Podsmaż czosnek na odrobinie oliwy z oliwek, aż będzie złoty.

Wskazówki:

a) Zdjąć z patelni i odsączyć na papierowym ręczniku.

b) Dodaj pozostały olej i zwiększ ogień do najwyższego punktu. Gdy będzie już bardzo gorąco, dodaj wszystkie grzyby i smaż je, mieszając delikatnie, ale ciągle, aż uzyskają złocistobrązowy kolor.

c) Dodaj posiekane chili i chili julienne, sól i pieprz, smaż przez kolejną minutę, następnie odsuń się, bo czasami się zapala, dodaj ocet.

d) Mieszamy i zdejmujemy z ognia, dodajemy czosnek.

54. Smażone boczniaki

Wydajność: 4 porcje

Składniki:

- 8 uncji świeżych boczniaków
- 1 łyżka czosnku, posiekanego
- 2 łyżeczki oliwy z oliwek
- 1 łyżeczka rozmarynu, posiekanego
- 1 łyżeczka margaryny, opcjonalnie
- 2 łyżeczki mąki uniwersalnej
- 1 łyżeczka sherry
- 1 łyżka Tamari

Wskazówki:

a) Delikatnie opłucz i osusz grzyby. Przytnij do jednakowego rozmiaru i odłóż na bok.

b) Smaż czosnek na oleju na średnim ogniu przez 15 do 20 sekund. Dodaj grzyby i smaż przez 3 minuty.

c) Dodaj rozmaryn i margarynę i gotuj, aż margaryna się rozpuści, około 30 sekund. Posypać mąką i smażyć, ciągle mieszając.

d) Dodaj pozostałe składniki i mieszaj, aż płyn lekko zgęstnieje, a grzyby będą miękkie. Około 4 minut.

55. Smażone przegrzebki morskie i boczniaki

Wydajność: 1 porcja

Składniki:

- ¼ szklanki szalotki; drobno pokrojone w kostkę
- ½ łyżki mielonego czosnku
- ¼ szklanki mielonego imbiru
- ½ łyżki tajskiego sosu czosnkowego Chile
- 1 szklanka octu balsamicznego
- ¾ szklanki sosu sojowego
- 1 ½ szklanki oliwy z oliwek
- ½ szklanki oleju sojowego
- 1 funt boczniaków; odciąć się
- 1 funt szpinaku dziecięcego
- ½ szklanki mielonego imbiru
- 1 łyżka mielonego czosnku
- 2½ łyżki Yuzu
- 3 uncje soku Yuzu

- ¼ szklanki sosu sojowego
- ½ szklanki octu ryżowego
- 2 łyżki octu ryżowego
- 2 łyżki białego octu winnego
- ¾ szklanki oleju z pestek winogron
- 30 10 przegrzebków morskich
- 6 uncji słodkiego masła

Wskazówki:

a) W misce wymieszaj szalotkę, czosnek, imbir, sos czosnkowy chili, ocet balsamiczny i sos sojowy. Powoli dodawaj oliwę z oliwek, ale nie emulguj.

b) SAŁATKA Z MŁODYM SZPINAKIEM I BOCZNIAKAMI: Rozgrzej solidną patelnię na dużym ogniu, aż zacznie dymić.

c) Najpierw dodaj olej sojowy, a zaraz potem boczniaki, smaż mieszając przez około 2 minuty lub do złotego koloru.

d) Zdejmij grzyby z patelni na blachę i rozłóż je w jednej warstwie.

e) Skrop grzyby około ½ szklanki sosu sojowo-balsamicznego i pozostaw w marynacie na 15 minut (można to zrobić nawet 6 godzin wcześniej).

f) Odłóż na bok i wymieszaj później razem z młodym szpinakiem i dodatkowym winegretem.

g) SOS CYTRUSOWY CHILI: Umieść imbir, czosnek, yuzu kosho, yuzu, soję, ocet ryżowy i ocet z białego wina w blenderze, włącz średnią prędkość i powoli skrop olejem z pestek winogron. Winegret powinien być zemulgowany.

h) Rozgrzej patelnię o dużej wytrzymałości na dużym ogniu.

i) Przegrzebki dopraw solą i pieprzem z obu stron i posmaruj miękkim masłem.

j) Umieść przegrzebki na gorącej patelni i smaż na złoty kolor po obu stronach, około 1,5 do 2 minut z każdej strony). Porcja będzie średnio wysmażona.

k) Wymieszaj młody szpinak, grzyby i sos sojowo-balsamiczny, ewentualnie dopraw przyprawami i ułóż sałatkę na środku talerza.

l) Przegrzebki pokroić poziomo i ułożyć wokół sałatki.

m) Skrop przegrzebki wybraną ilością Citrus Chili Vinaigrette

56. Pstrąg z shitaki i boczniakami

Wydajność: 1 porcja

Składniki:

- 1 400 g; (14 uncji) cały pstrąg
- 200 gramów świeżych boczniaków; (7 uncji)
- 200 gramów świeżych grzybów shitake; (7 uncji)
- 120 gramów masła; (4 1/4 uncji)
- Świeży tymianek
- 3 główki świeżego czosnku
- 2 cytryny
- Posiekana świeża natka pietruszki o płaskich liściach
- Sól i pieprz

Wskazówki:

a) Obierz połowę czosnku i blanszuj dwukrotnie we wrzącej wodzie, za każdym razem przez około 3 minuty.

Pieczarki i czosnek włożyć do naczynia żaroodpornego i dobrze doprawić.

b) Na wierzch dodaj świeży tymianek i połowę masła. Wstawić do nagrzanego piekarnika 200°C/400°F/gaz, stopień 6 na około 20 minut.

c) Podczas gotowania przygotuj pstrąga, natnij skórę i przełóż go do innego naczynia żaroodpornego. Dodać resztę masła, tymianek, cytrynę i czosnek i dobrze doprawić.

d) Włóż do piekarnika i piecz w tym samym piekarniku co grzyby. Podczas gotowania posmaruj obie potrawy, wyjmij z piekarnika, dodaj posiekaną natkę pietruszki do grzybów i podawaj.

57. Zupa imbirowa z boczniaków drzewnych

Wydajność: 6 porcji

Składniki:

- 6 szklanek bulionu z kurczaka; o niskiej zawartości tłuszczu, o niskiej zawartości sodu
- 1 łyżeczka oleju sezamowego
- 1 szklanka świeżych boczniaków; lub grzyby shiitake
- 1 szklanka pokrojonych w plasterki białych grzybów
- 2 ząbki czosnku; mielony
- 2 łyżki posiekanej zielonej cebuli
- 1 łyżka mielonego imbiru
- Świeżo zmielony biały pieprz

Wskazówki:

a) Podgrzej ½ szklanki bulionu i oliwę w garnku na dużym ogniu. Dodaj oba rodzaje grzybów i smaż przez 5 minut.

b) Dodaj czosnek i smaż przez 1 minutę.

c) Dodaj zieloną cebulę, pozostały bulion i imbir. Dusić przez 15 minut.

d) Posypać świeżo zmielonym białym pieprzem i podawać.

58. z rzeżuchy i boczniaków

Wydajność: 1 porcja

Składniki:

- 1 średnia cebula
- 30 gramów niesolonego masła
- 250 gramów boczniaków
- 420 mililitrów bulionu warzywnego
- 2 pęczki rzeżuchy
- 2 łyżki Madery
- 420 mililitrów Podwójna śmietanka
- Sól i mielony czarny pieprz

Składniki:

a) Obierz i drobno posiekaj cebulę. Na dużej patelni roztapiamy połowę masła, dodajemy cebulę i smażymy do miękkości. Pieczarki drobno posiekać. Dodaj połowę cebuli na patelni i smaż, aż będzie miękka.

Wlać bulion do rondla i doprowadzić do wrzenia.

b) Umyj i przytnij rzeżuchę wodną. Zarezerwuj kilka listków do dekoracji. Rukiew wodną wrzucić do wrzącego bulionu i pozostawić na około 30 sekund, aż będzie wiotka i szmaragdowo zielona. Zdejmij patelnię z ognia.

c) Natychmiast zmiksuj zupę w blenderze lub robocie kuchennym, aby uzyskać jasnozielony kolor. Opłucz patelnię. Zupę z powrotem przelać na patelnię, przesiać ją przez sito.

d) Na małej patelni rozpuść pozostałe masło i podsmaż resztę posiekanych grzybów.

e) Dodaj Maderę na patelnię i zredukuj, aby płyn odparował. Dodać śmietanę i doprowadzić do wrzenia. Ponownie zredukuj, aby zagęścić i lekko skarmelizować śmietankę, nadając jej orzechowy posmak.

f) Karmelizowaną śmietankę wymieszaj z puree z rzeżuchy i delikatnie podgrzej.

Doprawić do smaku solą i pieprzem. Przed podaniem udekoruj zarezerwowanymi liśćmi rzeżuchy wodnej.

GRZYB SZWAJCARSKI BRĄZOWY

59. Naleśniki Kalafiorowe Z Pieczarkami

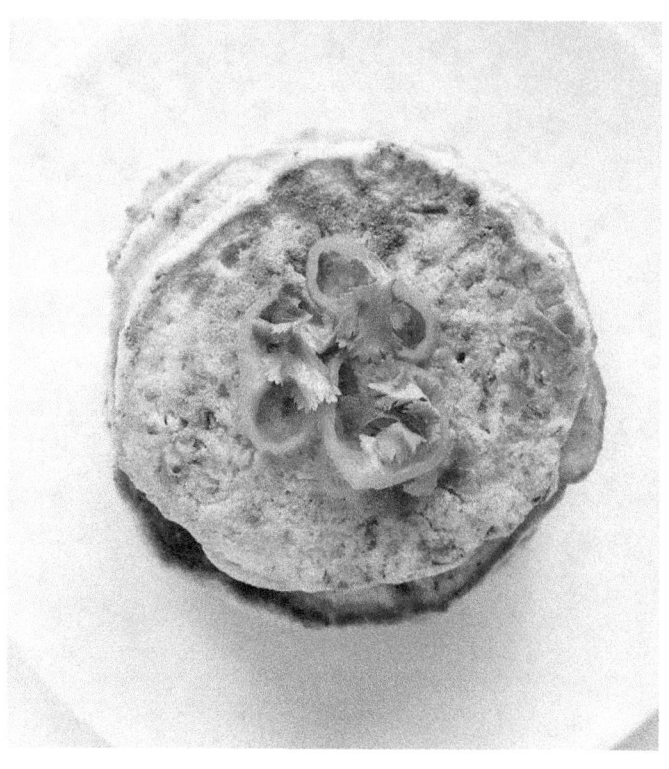

SERWUJE 4

Składniki:

- Opakowanie 500 g mrożonego ryżu wegetariańskiego z kalafiorem Birds Eye
- 3 jajka, lekko ubite
- 1 szklanka startego smacznego sera
- 2 łyżki mąki samorosnącej
- ½ łyżeczki papryki
- ½ łyżeczki suszonego oregano
- 3 łyżki oliwy z oliwek z pierwszego tłoczenia
- 200 g szwajcarskich brązowych grzybów, pokrojonych w plasterki
- Dodatki śniadaniowe do wyboru np
- pomidory lub zwiędły szpinak.

Wskazówki:

a) Rozmroź zamrożony ryż wegetariański z kalafiorem Birds Eye w lodówce. Po rozmrożeniu odciśnij nadmiar wilgoci z ryżu kalafiorowego za pomocą muślinowej ściereczki lub przez drobne sito.

b) W średniej misce wymieszaj ryż kalafiorowy, jajka, ser, mąkę, paprykę i oregano. Doprawić do smaku. Z powstałej masy uformuj kotlety o wymiarach 4 x 10 cm.

c) Rozgrzej 1 łyżkę oleju na patelni z powłoką nieprzywierającą na średnim ogniu. Smaż naleśniki pojedynczo. Wlać jedną czwartą mieszanki na patelnię, dociskając szpatułką tak, aby spłaszczyła się na grubość 10 cm i 1 cm. Smaż po 2-3 minuty z obu stron, aż uzyskasz złoty kolor.

d) W razie potrzeby dodaj więcej oleju na patelnię pomiędzy smażeniem naleśników. Zdejmij naleśniki z patelni, ułóż je na chłonnym papierze i trzymaj w cieple.

e) Wytrzyj patelnię do czysta, rozgrzej pozostały olej i dodaj grzyby. Smaż przez 4-5 minut regularnie mieszając, aż uzyskasz złocisty kolor. Podawaj z grzybami z naleśnikami kalafiorowymi i dowolnymi dodatkami śniadaniowymi.

60. Wegetariańska miska z ryżem i grzybami

SERWUJE 4

Składniki:

- 2 łyżki oliwy z oliwek z pierwszego tłoczenia
- 200 g szwajcarskich brązowych grzybów, przekrojonych na połówki
- 1 łyżka sosu sojowego o obniżonej zawartości soli
- Opakowanie 500 g mrożonego Birds Eye Marchew Kalafior Brokuły Ryż wegetariański
- 1 szklanka liści szpinaku baby
- 1 awokado, pokrojone w plasterki
- 2 szklanki drobno posiekanej czerwonej kapusty Sos z prażonego sezamu do podania

Wskazówki:

a) Rozgrzej 1 łyżkę oleju na patelni z powłoką nieprzywierającą na średnim ogniu. Dodaj grzyby i smaż, regularnie mieszając, przez 4-5 minut lub do złotego koloru. Dodać sos sojowy i wymieszać do pokrycia. Zdjąć z patelni, odstawić i trzymać w cieple.
b) Na tę samą patelnię dodaj pozostały olej. Dodaj zamrożony ryż wegetariański Birds Eye i gotuj przez 6 minut, regularnie mieszając.
c) Wymieszaj szpinak i kontynuuj smażenie przez kolejne 2 minuty.
d) Rozłóż ugotowany ryż wegetariański, grzyby, awokado i kapustę w miskach. Polej dressingiem i natychmiast podawaj.

MORELE

61. Łosoś i Morele

Składniki:

- 3 szklanki smardzów, pokrojonych wzdłuż
- 4 duże filety z łososia (wielkości porcji, około 8 uncji)
- 3 łyżki masła
- 3 ząbki czosnku, posiekane
- 1 szklanka białego wina
- 2 łyżki soku z cytryny
- Sól i pieprz do smaku

Wskazówki:

a) Rozpuść masło na dużej patelni na średnim ogniu. Dodaj czosnek i smaż przez minutę. Następnie dodaj smardze i smaż, aż zaczną się rumienić.

b) Wlać wino i gotować, aż prawie odparuje, często mieszając. Po ugotowaniu przełóż grzyby do miski.

c) Zamierzamy usmażyć rybę, aby szybko i łatwo ją ugotować. Ułóż filety skórą do dołu na patelni z brojlerami i skrop je sokiem z cytryny. Jeśli chcesz, możesz dodać odrobinę masła na wierzch każdego z nich.

d) Smaż, nie obracając, aż będzie ugotowany. Sprawdź je po 6 minutach, ale być może będziesz musiał poczekać trochę dłużej.

e) Po zakończeniu wyjmij rybę z brojlerów i dodaj dowolną sól i pieprz. Rozłóż smardze równomiernie na każdym filecie.

f) Podawaj przyjaciołom wino, aby pokazać im, jakim jesteś niesamowitym kucharzem.

62. Domowa zupa-krem grzybowy

Składniki:

- 1 lb. świeże smardze, posiekane
- 2 łyżki masła
- 1 szklanka bulionu
- 1 szklanka gęstej śmietanki
- 1 szklanka białego wina
- 2 szklanki wody
- 1 por, posiekany i wykorzystujący tylko białą część
- 3 ziemniaki
- Sól i pieprz do smaku

Wskazówki:

a) Do garnka z zupą wlej wodę i zagotuj na małym ogniu. Gdy się zagotują, wrzuć ziemniaki i gotuj, aż będą całkiem miękkie. Zwykle zajmuje to około 20-30 minut.

b) Rozpuść masło na dużej patelni na średnim ogniu. Dodaj smardze i por i smaż, aż smardze zaczną się rumienić.

c) Wlać wino i gotować, aż prawie całkowicie odparuje. Następnie dodajemy bulion, często mieszając. Zdejmij z ognia, jeśli ziemniaki nie są jeszcze gotowe.

d) Gdy ziemniaki będą miękkie, poczekaj, aż woda nieco ostygnie, a następnie włóż mieszaninę do blendera. Mieszaj, aż masa będzie gładka, a następnie włóż ją ponownie do garnka razem z wodą.

e) Dodaj mieszankę smardzów i porów do ziemniaków i gotuj na wolnym ogniu. Gotuj przez kilka minut, aż się rozgrzeje.

f) Dodaj śmietanę, sól i pieprz i mieszaj, aż zupa się rozgrzeje i zgęstnieje według własnych upodobań.

63. Makaron Morelowy

Składniki:

- 1/2 funta ze smardzów
- 3 łyżki masła
- 3 ząbki czosnku, posiekane
- 1 mała cebula, posiekana
- 1 szklanka startego sera
- 8 uncji makaron jajeczny

Wskazówki:

a) Zagotuj wodę i ugotuj makaron do pożądanej miękkości. Ja wolę al dente.

b) Gdy makaron się gotuje, rozpuść masło na patelni na średnim ogniu. Dodać czosnek, cebulę i smardze. Gotuj, aż grzyby puszczą większość płynu i lekko się zarumienią.

c) Na patelni będzie ciasno, więc często mieszaj. Jeśli mieszanka grzybów i cebuli skończy się wcześniej niż makaron, zmniejsz ogień do niskiego.

d) Nie zapomnij sprawdzić makaronu podczas gotowania grzybów! Po ugotowaniu odcedzamy i wrzucamy na patelnię z pozostałymi składnikami, wszystko razem mieszając.

e) Całość posypujemy startym serem i gotujemy aż się roztopi.

64. Łatwy kurczak i smardze

Składniki:

- 3 szklanki smardzów, pokrojonych wzdłuż
- 4 piersi z kurczaka bez kości i skóry
- 4 łyżki masła
- 1/2 szklanki bulionu z kurczaka
- 1/2 szklanki gęstej śmietanki
- 2 łyżki soku z cytryny
- 1/2 szklanki mąki
- 3 szalotki, posiekane
- 3 ząbki czosnku, posiekane
- Sól i pieprz do smaku

Wskazówki:

a) Rozgrzej piekarnik do 300 stopni.

b) Rozpuść 2 łyżki masła na dużej patelni na średnim ogniu. Gdy się rozpuści, posyp mąką pierś kurczaka.

c) Włóż kurczaka na patelnię i smaż, przewracając, aż lekko się zarumieni z obu stron. Zajmie to prawdopodobnie od 8 do 10 minut.

d) Zdejmij kurczaka z patelni i włóż go do naczynia żaroodpornego. Gdy piekarnik będzie gotowy, włóż patelnię i piecz, aż kurczak się zarumieni.

e) Podczas smażenia kurczaka rozpuść pozostałe 2 łyżki masła na patelni na średnim ogniu. Dodaj smardze, szalotkę i czosnek. Gotuj przez 3 minuty, często mieszając.

f) Wlać bulion z kurczaka i gotować, aż zredukuje się o połowę.

g) Dodać śmietanę, sok z cytryny, sól i pieprz. Gotuj, aż płyn zredukuje się do sosu o pożądanej konsystencji.

h) Sprawdzaj, co się dzieje z kurczakiem, gdy smardze się gotują. Gdy oba będą gotowe, zdejmij z ognia i polej sosem kurczaka.

65. Smardze Nadziewane Krabem

Składniki:

- 12 smardzów, przekrojonych wzdłuż na pół
- 1 szklanka mięsa krabowego
- 2 łyżki masła
- 1 jajko, ubite
- 2 ząbki czosnku, posiekane
- 2 łyżki lekkiego majonezu
- 2 łyżki suchej bułki tartej
- Sól i pieprz do smaku
- Rozgrzej piekarnik do 375 stopni.

Wskazówki:

a) W dużej misce wymieszaj mięso krabowe, majonez, roztrzepane jajko, czosnek, bułkę tartą, sól i pieprz. Dobrze wymieszaj składniki.

b) Spryskaj dno naczynia do pieczenia nieprzywierającym sprayem kuchennym. Na patelni rozpuść masło i rozprowadź je na dnie naczynia do zapiekania. Smardze układamy na dnie naczynia wgłębieniem do góry.

c) Każdy smardz nadziewamy farszem. Włóż do piekarnika i piecz, aż grzyby staną się złotobrązowe, około 8 do 15 minut.

d) Natychmiast podawaj.

66. Jajecznica Morelowa

Składniki:

- 1/2 funta smardze, pokrojone wzdłuż
- 1/4 szklanki mleka
- 3 łyżki masła
- 3 zielone cebule, posiekane
- 1/2 tuzina ubitych jaj

Wskazówki:

a) Rozpuść masło na dużej patelni, dodaj smardze i zieloną cebulę. Gotuj, aż smardze zaczną się rumienić.

b) Gdy grzyby się gotują, w jednej misce ubij jajka z mlekiem.

c) Na patelnię z grzybami wlać roztrzepaną masę jajeczną. Mieszaj, aż jajka będą ugotowane według uznania.

67. Szparagi i Morele

Składniki:

- 1/2 funta świeże smardze, pokrojone wzdłuż
- 2 łyżki masła
- 2 pęczki szparagów, pokrojone na 1-calowe kawałki
- 1 szalotka, posiekana
- 2 ząbki czosnku, posiekane

Wskazówki:

a) Rozpuść masło na patelni na średnim ogniu. Dodaj kawałki szalotki, czosnek, smardze i szparagi.

b) Gotuj, aż smardze się zrumienią, a szparagi będą miękkie, zwykle od 8 do 10 minut.

68. Morele Nadziewane Serem

Składniki:

- Dużo całych średnich smardzów, co najmniej 12 do 16. Nie krój ich w plasterki.
- 1 łyżka masła
- 2 łyżki oliwy z oliwek
- 1/2 funta szpinak (8 uncji), drobno posiekany tak bardzo, jak to możliwe
- 1 szklanka sera ricotta
- 1 szklanka startego sera szwajcarskiego
- 2 łyżki posiekanych orzeszków piniowych lub włoskich
- 4 zielone cebule, drobno posiekane
- 2 ząbki czosnku, posiekane
- 1/2 łyżeczki gałki muszkatołowej
- Sól i pieprz do smaku

Wskazówki:

a) Rozgrzej piekarnik do 375 stopni.

b) Najpierw zrobimy farsz. Rozpuść masło na średnim ogniu na patelni. Smażyć zieloną cebulę i czosnek przez 5 minut, następnie zdjąć z ognia i ostudzić.

c) W dużej misce połącz wszystkie sery, szpinak, orzechy, sól, pieprz, czosnek, zieloną cebulę i gałkę muszkatołową. Dobrze wymieszaj.

d) Przygotuj grzyby, odcinając wystające łodygi, pozostawiając otwór u podstawy.

e) Spryskaj blachę do pieczenia nieprzywierającym sprayem kuchennym. Każdy smardz ostrożnie nadziewamy, smarujemy odrobiną oliwy z oliwek i wrzucamy na patelnię. Gotuj, aż grzyby staną się złotobrązowe, zwykle od 10 do 20 minut.

f) Natychmiast podawaj. Nie potrwają długo!

69. Morele z mąką

Składniki:

- Morele pęczek (w plasterkach)
- 1/2 szklanki mąki (lub więcej)
- 4 łyżki masła lub margaryny
- Sól
- Pieprz

Wskazówki:

a) Obtocz smardze w mące (albo w galonowej torebce zamykanej na zamek błyskawiczny zawierającej mąkę, albo używając talerza pokrytego mąką)

b) Rozpuść masło/margarynę na patelni na średnim ogniu (nie przegrzewaj!!!!!).

c) Podsmaż grzyby (delikatnie) na maśle/margarynie. Obracanie w razie potrzeby.

d) Zdjąć z patelni i doprawić solą i pieprzem do smaku.

70. Smażone na patelni smardze

Składniki:

- Morelowe grzyby grube
- 2 szklanki mąki organicznej
- ¼ łyżeczki pieprzu cayenne w proszku
- ¼ łyżeczki proszku cebulowego
- Dużo soli morskiej do solanki
- 2 jajka
- ½ szklanki mleka
- 1 kostka masła lub ghee

Wskazówki:

a) Najpierw zasolisz smardze w chłodnej słonej wodzie, używając wody i soli.

b) W misce wymieszaj jajko i mleko.

c) W misce wymieszaj mąkę i przyprawy.

d) Rozpuść masło (lub wybrany olej do smażenia) na patelni na średnim/małym ogniu.

71. Morele na maśle

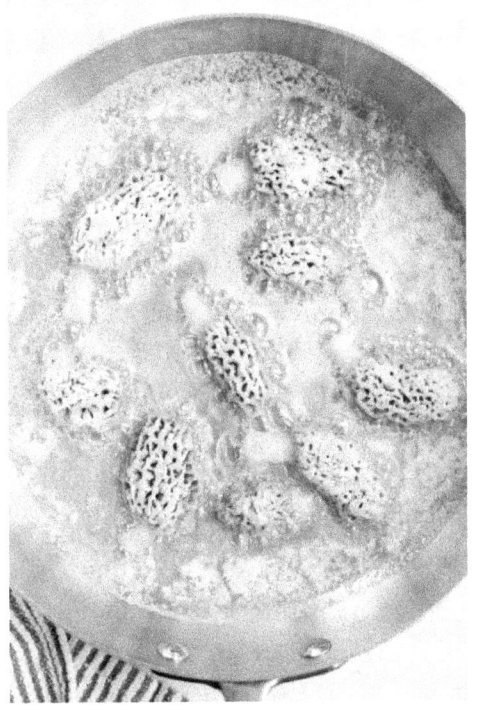

Składniki:

- Smardze
- mąka ryżowa
- mąka pszenna
- 4 kostki masła
- sól
- pieprz

Wskazówki:

a) Smardze oprósz mąką ryżową, a następnie usmaż na maśle.
b) Cieszyć się.

72. Sos Morelowo-Grzybowy

PORCJA 4 osoby

Składniki:

- 4 Substytut piersi kurczaka bez kości z sandaczem motylkowym, piersią bażanta lub kotletami cielęcymi
- 3 łyżki masła (bez substytutu)
- 3 szklanki smardzów (w plasterkach o długości 1 cala)
- ½ łyżki suszonej natki pietruszki
- ¼ łyżeczki pieprzu
- ¼ szklanki zielonej cebuli (cienkie plasterki)
- ½ szklanki wytrawnego białego wina
- 2 szklanki śmietanki do ubijania
- 1 łyżeczka soli
- ½ łyżeczki musztardy Dijon

Wskazówki:

a) Podsmaż piersi kurczaka bez kości na kilku łyżkach gorącego masła, aż będą gotowe. Trzymaj w cieple, aż sos się skończy.

b) Na 12-calowej patelni z powłoką nieprzywierającą podgrzej 3 łyżki. masło (bez substytutu) na średnim ogniu, aż się spieni.

c) Dodaj 3 szklanki małych szarych smardzów – w przypadku większych smardzów pokrój je w plasterki o długości nie większej niż 1 ".

d) Smażyć, od czasu do czasu mieszając, przez 15-20 minut. aż lekko chrupiące.

e) Dodać 1/4 C. cienko pokrojone zielone cebule, 1/2 łyżki. suszona natka pietruszki, 1/4 łyżeczki gałki muszkatołowej, 1/4 łyżeczki pieprzu, 1 łyżeczka soli, gotować kilka minut.

f) Zwiększ ogień na wyższy i dodaj 1/2 C. wytrawnego białego wina i zredukuj do stanu prawie glazury.

g) Zamień ciepło na lekarstwo. i dodać 2 st. śmietanki do ubijania oraz 1/2 łyżeczki musztardy Dijon.

h) Lekko zredukuj na wolnym ogniu, aż zgęstnieje – około 10-12 min.

i) Nałóż na talerz i podawaj sos do kurczaka.

73. Morel z solonymi krakersami

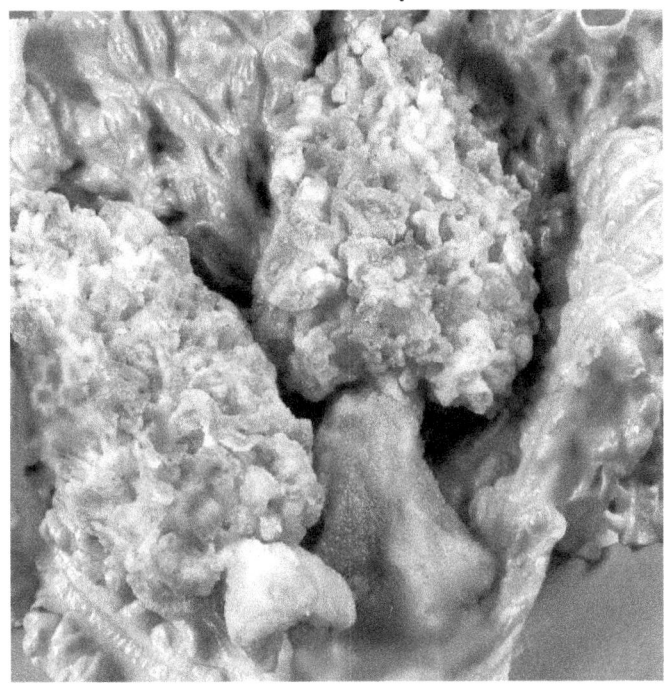

Składniki:

- świeże smardze pokrojone wzdłuż
- ⅓ oleju kuchennego
- 1 opakowanie słonych krakersów
- 3 jajka
- sól
- 1 łyżeczka pieprzu
- 1 łyżeczka papryki
- 1 łyżka przyprawy
- 1 szklanka mąki
- ⅓ szklanki wody

Wskazówki:

a) Pieczarki delikatnie myjemy i kroimy wzdłuż na pół. Wstępnie namoczyć w osolonej wodzie. (najlepiej na noc). Pomaga to zneutralizować kwas... i uniknąć problemów „trawiennych".

b) Rozgrzej około 1/3 cala oleju kuchennego na 10-calowej żeliwnej patelni na średnim ogniu.

c) Przygotuj ręczniki papierowe, aby odsączyć nadmiar oleju z ugotowanych grzybów.

d) Grzyby dobrze opłucz i odcedź na dużym durszlaku.

e) Puste (2) wewnętrzne opakowania krakersów Saltine do 1-galonowej torebki Ziploc. Rozdrobnić wałkiem do konsystencji drobnej kruszonki.

f) Dodaj 1 C mąki, 1/2 łyżki soli przyprawowej i po 1 łyżeczce pieprzu i papryki. Całość wstrząśnij i przełóż do płytkiej patelni lub miski żaroodpornej.

g) W małej misce ubij 3 jajka.

h) Dodać wodę, pieprz i dobrze wymieszać.

i) Jedną ręką zanurz grzyby w płynie jajecznym, pozwalając, aby nadmiar spłynął. Wrzucić do mieszanki krakersów.

j) Drugą ręką natychmiast wrzuć na wierzch więcej mieszanki krakersów, aby pokryć cały grzyb. Nadmiar strząśnij, aby uniknąć przypalenia na patelni.

k) Gotowanie

l) Wkładać na rozgrzany olej... rozciętą stroną do dołu. Kontynuuj, aż patelnia będzie pełna.

m) Gotuj, aż będzie lekko złoty. Obróć szczypcami na drugą stronę i smaż na złoty kolor. Odwróć je na chwilę z powrotem, aby nadmiar oleju spod spodu lepiej spłynął.

n) Układać na ręcznikach papierowych... rozciętą stroną do dołu. Można lekko posolić, ale NIE jest to konieczne. Nie chcę zakopywać grzybowego smaku...

Dobry pomysł, aby najpierw przetestować smak.

o) Kontynuuj, aż wszystkie grzyby będą ugotowane... Może trzeba będzie odeprzeć chętnych konsumentów.

74. Morel z bułką tartą i parmezanem

Składniki:

- 15-20 średniej wielkości smardzów, umytych i przekrojonych na pół
- 1 szklanka bułki tartej
- 1 łyżka mielonego czarnego pieprzu
- 1 łyżka mielonej soli morskiej
- 3 łyżki drobno startego parmezanu
- 3-4 grube plastry średniego sera cheddar
- 1 jajko do posmarowania jajek
- 4 kostki masła

Wskazówki:

a) Wszystkie suche składniki wymieszaj w płytkiej misce. (bułka tarta, parmezan, sól i pieprz)

b) Na małej patelni rozgrzej odpowiednią ilość masła.

c) Ubij jajko i umieść je w osobnej, płytkiej misce.

d) Gotowanie

e) Grzyby zanurzać w jajku i panierować w bułce tartej, natychmiast wrzucać na gorące masło. Smażyć do uzyskania chrupiącego złocistego koloru.

f) zdejmij z patelni i ułóż grzyby na małej blaszce, umieszczając 1/4-calowy pasek sera cheddar na środku każdego z nich.

g) Włóż do nagrzanego piekarnika do 375 stopni na około 4-6 minut lub do momentu, aż ser się roztopi.

h) Wyjmij, ostudź i ciesz się smakiem.

75. na patelni smardze

Składniki:

- partia Moreli przekrojona na pół, oczyszczona i namoczona
- 2 szklanki mąki kukurydzianej
- $\frac{1}{4}$ mleka
- 1 jajko wiejskie
- 1 szklanka tłuszczu z bekonu
- 1 łyżka czarnego pieprzu

Wskazówki:

a) W szerokiej, płytkiej misce: wymieszaj 1 jajko wiejskie z 1/4 szkl. mleko

b) W grubej papierowej torbie: dodać 2 c. mąka kukurydziana z 1 t. zmieszany czarny pieprz.

c) Na głębokiej, dobrze przyprawionej żeliwnej patelni rozpuść tłuszcz z bekonu na głębokość 1 cala.

d) Pij dobrze i gorąco, ale nie pal.

e) Teraz zanurz grzyby w mieszance mleka i jajek i pozwól im trochę namoczyć, podczas gdy tłuszcz się nagrzewa.

f) Wybierz garść z miski i lekko potrząśnij, aby pozbyć się nadmiaru płynu, a następnie wrzuć je do torebki z mąką kukurydzianą.

g) Przytrzymaj dłoń na dnie torby, aby się nie złamała i delikatnie potrząśnij.

h) Dodać więcej grzybów, delikatnie potrząsając po każdym dodaniu.

i) Kiedy już wszystkie będą dobrze pokryte, zacznij układać je w jednej warstwie na gorącej patelni.

j) Staraj się obrócić je tylko raz, dzięki czemu powłoka będzie lepiej się trzymać.

borowiki

76. Steki nacierane borowikami

Służy 2

Składniki:

- 2 łyżki cukru
- 1 łyżka soli
- 5 ząbków czosnku, drobno posiekanych
- 1 łyżka płatków ostrej czerwonej papryki
- 1 łyżka czarnego pieprzu
- 30 g suszonych borowików, drobno zmielonych
- 60 ml oliwy z oliwek plus dodatkowa ilość do skropienia
- 1 x 600-800 g steku z żeberka, pokrojonego na grubość 4 cm
- Ocet balsamiczny do skropienia

Wskazówki:

a) W małej misce wymieszaj cukier, sól, czosnek, płatki czerwonej papryki, pieprz, proszek grzybowy i oliwę z oliwek, a następnie dobrze wymieszaj, aż powstanie gęsta, dość sucha pasta. Natrzyj pastą cały stek, równomiernie go pokrywając. Zawinąć w folię spożywczą i schłodzić przez 12 godzin lub przez noc.

b) Rozgrzej patelnię grillową. Wyjmij stek z lodówki, strzepując nadmiar marynaty. Gotuj na średnim ogniu przez 20-25 minut, obracając co 6 minut, aby uzyskać średnio rzadkie.

c) Pozwól stekowi odpocząć przez 10 minut, a następnie pokrój go wzdłuż włókien. Skropić oliwą i octem balsamicznym i podawać.

77. Grzyby marynowane w soi

Porcja 4-6

Składniki:

- 400 ml mleka
- 50 g masła
- 50 g kaszy kukurydzianej lub żółtej polenty
- 40 g crème fraîche
- 75 g startego parmezanu plus trochę do podania
- Sól i czarny pieprz
- 4-6 kiełbasek wieprzowych lub z dzika

Do grzybów marynowanych w soi

- 50 ml oleju roślinnego
- 1 mała cebula, pokrojona w kostkę
- 2 ząbki czosnku, zmiażdżone
- 400g mieszanki leśnych grzybów
- 60ml jasnego sosu sojowego
- 60ml wody

- 3 cebule dymki, drobno pokrojone
- 4 łyżki posiekanej natki pietruszki płaskolistnej

Wskazówki:

a) Aby przygotować kaszę, w średnim rondlu zagotuj mleko i masło.

b) Dodać kaszę lub polentę i smażyć przez 3 minuty, ciągle mieszając. Zdjąć z ognia i pozostawić do lekkiego ostygnięcia.

c) Wymieszać z crème fraiche i parmezanem, doprawić, przykryć i trzymać w cieple.

78. Calzone grzybowe

Służy 2

Składniki:

Na ciasto na pizzę

- 115 ml letniej wody
- 1 łyżeczka suszonych drożdży szybkiego działania
- 200 g mocnej białej mąki
- ½ łyżeczki soli

Do nadzienia

- 200 g mozzarelli bawolej, odsączonej i pokrojonej w kostkę
- Oliwa z oliwek z pierwszego tłoczenia
- 1 ząbek czosnku, drobno posiekany
- 1 łyżeczka suszonych płatków chili (opcjonalnie)
- 225 g mieszanych grzybów, obranych, obranych i pokrojonych w 1 cm kostkę
- Sól i czarny pieprz
- ½ łyżki liści tymianku cytrynowego

- 3 łyżki parmezanu, drobno startego

Wskazówki:

a) Aby przygotować ciasto, w małej misce umieść 2 łyżki letniej wody. Drożdże posypać wodą i delikatnie wymieszać palcem. Do dużej miski odmierz mąkę. Gdy drożdże się rozpuszczą i pojawią się piany, dokładnie wymieszaj.

b) Dodaj 1 łyżkę mąki i mieszaj, aż powstanie gładka pasta. Pozostawić do wyrośnięcia na 30 minut. Puszy się i podwoi swoją objętość.

c) Wymieszaj sól z pozostałą mąką. Wlać mieszaninę drożdży. Dodaj 115 ml letniej wody do pustej miski po drożdżach, następnie wlej do mieszanki. Używając rąk, wymieszaj, aż utworzy się ciasto, a następnie przełóż je na czystą powierzchnię. Ugniataj przez 10 minut.

d) Gdy ciasto będzie jedwabiście gładkie i elastyczne, podziel je na dwie równe kulki. Ułożyć na posypanej mąką blasze do pieczenia i przykryć czystą ściereczką.

Pozostawić w ciepłym, pozbawionym przeciągów miejscu na 2 godziny lub do czasu, aż podwoją swoją objętość.

e) Umieść blachę do pieczenia na środku piekarnika, a następnie rozgrzej do 230°C/450°C/gaz, stopień 8.

f) Odcedzić mozzarellę i osuszyć. Pokrój w kostkę o boku 1 cm i umieść na durszlaku. Delikatnie dociśnij, aby uwolnić część nadmiaru wilgoci.

g) Postaw patelnię na średnim ogniu. Dodaj 3 łyżki oliwy z oliwek, następnie czosnek i chili, jeśli używasz. Gdy tylko zacznie skwierczeć, dodaj pokrojone w kostkę grzyby.

h) Doprawić i smażyć energicznie przez 3 minuty lub do momentu, aż puszczą większość płynu. Wymieszaj z tymiankiem cytrynowym i przełóż do miski. Gdy ostygnie, wymieszaj z parmezanem.

i) Rozwałkuj ciasto na pizzę na dwa krążki o średnicy około 20 cm. Rozłóż grzyby na połowie każdego krążka ciasta, uważając, aby nie zakryć uniesionej krawędzi.

j) Na grzybach rozłóż pokrojoną w kostkę mozzarellę. Nałóż odkrytą połowę ciasta na nadzienie. Zaciśnij krawędzie, aby sok nie mógł wyciekać.

k) Piec przez 10 minut lub do momentu, aż calzone napęcznieje i stanie się chrupiące i złociste. Przed podaniem posmaruj odrobiną oliwy z oliwek.

79. Szparagi i smardze w winegrecie

Wydajność: 4 porcje

Składniki:

- 32 włócznie szparagów
- ½ funta świeżych smardzów; przekrojone na pół, oczyszczone i przycięte
- ¼ uncji suszonych borowików
- 1 szklanka bulionu z kurczaka lub wody
- ¼ szklanki octu balsamicznego

Wskazówki:

a) Szparagi przycinamy i blanszujemy do miękkości. Gotowanie przerywamy zanurzając w zimnej wodzie. Odcedź i zachowaj. Borowiki namoczyć w bulionie lub wodzie. Doprowadzić do wrzenia i zmniejszyć objętość do $\frac{1}{4}$ szklanki. Napięcie. W blenderze wymieszaj ocet balsamiczny z wodą, w której moczyły się grzyby.

b) Zemulguj olej w bazie i dopraw solą i pieprzem. Gotuj szparagi przez 1 minutę, aby je rozgrzać i ułóż na ciepłych talerzach.

c) Smażyć smardze na maśle, aż puszczą sok. Zwiększ ogień i smaż 2-3 minuty. Wlać smardze do $\frac{2}{3}$ sosu winegret. Podzielić pomiędzy włócznie i skropić każdą odrobiną winegretu.

80. Niebieski ser & grzyby leśne

Wydajność: 3 porcje

Składniki:

- 1 łyżka niesolonego masła
- 1 łyżka oliwy z oliwek
- 3 cebule hiszpańskie; pokrojone w cienkie plasterki
- 1 łyżeczka cukru
- 3 łyżki oliwy z oliwek
- 1 funt różnych grzybów leśnych (portobello, kurki shiitake, borowiki)
- Sól i świeżo zmielony pieprz
- ½ szklanki świeżej mozzarelli
- 1 szklanka pokruszonego sera pleśniowego
- 1 podpłomyk

Wskazówki:

a) Na średniej patelni rozgrzej masło i oliwę z oliwek. Dodać cebulę i cukier i smażyć powoli, aż będą miękkie i karmelizowane. Rozgrzej oliwę z oliwek na dużej patelni Sauté na dużym ogniu. Dodaj grzyby i smaż, aż uzyskają złoty kolor i będą ugotowane.

b) Dopraw solą i pieprzem do smaku. Rozgrzej grill. Ciasto wyrównać, posmarować obficie oliwą i wrzucić na grilla.

c) Grilluj z jednej strony na złoty kolor, obróć na drugą stronę i posmaruj mozzarellą, cebulą, grzybami i serem pleśniowym.

GRZYBY KASZTANOWOWE

81. Pudding chlebowy z grzybami i porem

Porcja 8-10

Składniki:

- 400 g kostek chleba, bez skórek
- 2 łyżki oliwy z oliwek
- 1 łyżka niesolonego masła
- 50 g pancetty, pokrojonej w drobną kostkę
- 4 pory, białe i zielone części, pokrojone w plasterki
- 1,2 kg kasztanowców pokrojonych w plasterki
- 1 łyżka posiekanych świeżych liści estragonu
- 30 ml średniego lub wytrawnego sherry
- Sól i czarny pieprz
- Mała garść posiekanej natki pietruszki płaskolistnej
- 4 duże jajka
- 600 ml śmietanki podwójnej

- 250 ml bulionu z kurczaka
- 170 g gruyere, startego

Wskazówki :

a) Rozgrzej piekarnik do 180°C/350°F/gaz gazowy 4. Rozłóż chleb na blasze do pieczenia i piecz przez 20 minut, aż lekko się zarumieni. Odłożyć na bok.

b) Rozgrzej olej i masło na średnim ogniu. Dodać pancettę i smażyć przez 5 minut, dodać por i smażyć do miękkości. Dodaj grzyby, estragon, sherry, 1 łyżkę soli i 1 ½ łyżeczki pieprzu i gotuj przez 10-12 minut, aż większość płynu odparuje, od czasu do czasu mieszając. Zdejmij z ognia, następnie dodaj natkę pietruszki.

c) W dużej misce wymieszaj jajka, śmietanę, bulion z kurczaka i ⅔ gruyere. Dodaj chleb i mieszankę grzybów, dobrze wymieszaj. Odstawić na 30 minut.

d) Dobrze wymieszaj i wlej do dużej formy do pieczenia. Posypać resztą gruyere i piec przez 45-50 minut, aż wierzch się zarumieni.

e) Podawać na gorąco.

82. Kasztany i grzyby leśne

Wydajność: 4 porcje

Składniki:

- 2 łyżki oliwy z oliwek
- 1 ząbek czosnku, drobno pokrojony
- 8 uncji grzybów Shiitake, przyciętych i pokrojonych w plasterki
- 15 uncji Odsączonych kasztanów konserwowych zapakowanych w wodę
- Sól i świeżo zmielony czarny pieprz

Wskazówki:

a) Na patelni rozgrzej oliwę z oliwek i powoli pozwól, aby czosnek się zrumienił. Smaż Shiitake do miękkości (w razie potrzeby dodając łyżkę wody, aby się nie przypaliły).

b) Dodaj kasztany i podsmaż je, aby je podgrzać, a następnie dobrze dopraw solą i dużą ilością mielonego czarnego pieprzu

c) Wydajność: 4 do 6 porcji

83. Grzyby Rogan

Służy 4

Składniki:

- 2-4 suszone chilli
- 6 łyżek oleju roślinnego
- 4 goździki
- 6 zielonych strąków kardamonu
- 2 strąki czarnego kardamonu
- laska cynamonu o długości 5 cm
- 1 ostrze buławy
- 10 ziaren czarnego pieprzu
- 2 małe cebule, drobno posiekane
- 2 duże pomidory pokrojone w ćwiartki
- 2 łyżki jogurtu
- 5 obranych ząbków czosnku
- 20 g obranego korzenia imbiru
- 2 łyżeczki mielonej kolendry
- ¾ łyżeczki mielonego kminku

- ⅓ łyżeczki kurkumy
- ¾ łyżeczki garam masala lub do smaku
- Sól dla smaku
- 30 g niesolonego masła
- 500 g różnych grzybów, np. shiitake, kasztanowca i ostrygi
- Garść posiekanych liści kolendry

Wskazówki :

a) Suszone chilli prażymy na suchej patelni, aż lekko zbrązowieją, często potrząsając. Przekrój na pół i wytrząśnij nasiona, a następnie zmiel na proszek. W dużym rondlu z powłoką nieprzywierającą rozgrzej 4 łyżki oleju.

b) Dodaj całe przyprawy i smaż przez 10 sekund. Dodać cebulę i smażyć, aż brzegi się dobrze zarumienią.

c) W międzyczasie zmiksuj pomidory, jogurt, czosnek i imbir na gładką masę. Do cebuli dodać mielone przyprawy i odrobinę soli.

d) Gotuj, mieszając od czasu do czasu, aż masala całkowicie się zredukuje i wypuszczą kropelki oleju z powrotem na patelnię. Kontynuuj gotowanie, często mieszając, na dużym ogniu, przez 4-5 minut. Dodać 350 ml wody, doprowadzić do wrzenia, gotować na wolnym ogniu przez 3-4 minuty, następnie trzymać w cieple.

e) Na dużej patelni rozgrzej 1 łyżkę oleju i połowę masła. Dodać połowę grzybów, posypać szczyptą soli i smażyć przez pięć minut, aż krawędzie się skarmelizują. Powtórz tę czynność z pozostałym olejem, masłem i grzybami. Wlać je do sosu, dobrze wymieszać, następnie doprawić.

f) W razie potrzeby dodać odrobinę wody – sos powinien być gęsty, ale niezbyt lepki. Gotuj przez 3-4 minuty, po czym podawaj posypane kolendrą.

CREMINI

84. Crostini z grzybami Crimini

Daje 24

Składniki:

Crostini

- Bagietka 16-uncjowa, pokrojona po przekątnej na 24 kawałki
- 2 łyżki oliwy z oliwek lub więcej w razie potrzeby
- 1 duży ząbek czosnku, obrany, przekrojony na pół

Grzyby

- 1 łyżka oliwy z oliwek
- 1 duża szalotka, obrana, posiekana
- 3/4 funta małych grzybów crimini, wyczyszczonych i pokrojonych w cienkie plasterki
- 2 łyżki posiekanego świeżego rozmarynu
- 2 łyżki posiekanej świeżej szałwii
- Gałązki rozmarynu do opcjonalnej dekoracji

Wskazówki :

a) Aby zrobić crostini: Rozgrzej brojlerów. Połóż plasterki bagietki na patelni do grillowania.

b) Każdy plasterek posmaruj odrobiną oliwy z oliwek i natrzyj przekrojoną stroną czosnku. Umieścić pod brojlerem i piec, aż będzie lekko rumiany i chrupiący.

c) Wyjąć z brojlerów i odstawić do ostygnięcia.

85. Marynata Crimini i Marchew

Służy 10

Składniki:

- 8 uncji grzybów crimini
- 1 szklanka wody
- 1/2 łyżeczki soli
- Małe marchewki o wadze 8 uncji, przytnij wierzchołki i wyszoruj je
- 12 uncji karczochów, przekrojonych na pół
- Ubieranie się:
- 1/4 szklanki oliwy z oliwek
- 1/4 szklanki octu balsamicznego
- 2 łyżeczki świeżego koperku
- 1/4 łyżeczki soli
- 1/4 łyżeczki pieprzu
- 1/2 szklanki pieczonej czerwonej papryki w julienne

Wskazówki :

a) W dużym rondlu wymieszaj grzyby, wodę i 1/2 łyżeczki soli. Doprowadzić do wrzenia i zmniejszyć ogień. Przykryj i gotuj na wolnym ogniu przez kilka minut. Dodaj marchewki i ponownie zagotuj. Zmniejsz ogień i gotuj pod przykryciem jeszcze 2 minuty. Warzywa odcedzić, ostudzić i połączyć z sercami karczochów.

b) W blenderze lub słoiku połącz oliwę z oliwek, ocet, koper, sól i pieprz i dobrze wstrząśnij. Polać warzywami i obtoczyć. Schładzaj do ostygnięcia, do 2 dni. Przed podaniem doprowadzić do temperatury pokojowej. Udekoruj paskami czerwonej papryki i koperkiem.

86. Pieczarkowe „Risotto" z Fetą

Służy 4

Składniki:

- 2 łyżki oliwy z oliwek
- 1 funt pokrojonych w plasterki grzybów crimini
- 1-1/4 szklanki (8 uncji) makaronu orzo
- 1 puszka 14-1/2 uncji duszonych pomidorów po włosku
- 1 puszka 13-3/4 uncji bulionu z kurczaka
- 1/4 szklanki pokruszonego sera feta o smaku bazylii i pomidorów

Wskazówki :

a) Na dużej patelni rozgrzej olej, aż będzie gorący. Dodać grzyby i smażyć do miękkości i puszczenia soku. Wymieszaj orzo, pomidory, bulion z kurczaka i 1/2 szklanki wody.

b) Dusić pod przykryciem, od czasu do czasu mieszając, aż orzo będzie miękkie i wchłonie większość płynu. Wymieszać z serem feta i podawać.

87. Strudel grzybowy

Serwuje 6

Składniki:

- 2 szalotki, posiekane
- 1/2 szklanki białego wina
- 8 uncji crimini, w plasterkach
- 8 uncji shiitake, w plasterkach
- 1 1/2 szklanki ciężkiej śmietanki
- 1/2 łyżeczki tymianku, świeżego
- Sól i czarny pieprz do smaku
- 1 jajko, ubite
- 12 4-calowych kwadratów ciasta francuskiego

Wskazówki :

a) Gotuj grzyby i szalotkę w winie, aż wino odparuje. Dodać śmietanę, tymianek oraz sól i pieprz.

b) Zredukuj o połowę i wstaw do lodówki na kilka godzin lub do momentu, aż krem stwardnieje. Włóż 1 okrągłą łyżeczkę mieszanki grzybów do ciasta, złóż i posmaruj rozmąconym jajkiem.

c) Piec w piekarniku przez około 8-12 minut lub do złotego koloru. Podgrzej pozostałą mieszaninę grzybów i podawaj ze strudelem.

88. zupa krem z grzybów

Służy 2

Składniki:

- 2 łyżki masła
- 1 (opakowanie 6 uncji) grzybów crimini
- 2 średnio-duże posiekane szalotki
- 1/4 łyżeczki papryki węgierskiej
- 1 łyżka mąki
- 1 szklanka bulionu z kurczaka
- 1/2 łyżeczki suszonego tymianku, pokruszonego
- 1/4 szklanki śmietanki do ubijania
- 2 łyżki kwaśnej śmietany lub jasnej śmietany

Wskazówki :

a) Rozpuść masło, szalotki i smaż na średnim ogniu przez 5 do 10 minut, aż się zrumienią i będą miękkie. Grzyby powinny wypuścić płyn, po odparowaniu dodać paprykę.

b) Dodajemy mąkę i mieszamy, aż masa będzie gładka i gęsta. Dodać tymianek i dusić przez 10 minut. Wymieszaj śmietanę i śmietanę.

89.   Zapiekanka z grzybami Crimini

Składniki:

- 3 funty Grzyby Crimini
- 1 opakowanie 16 uncji farsz ziołowy
- 3/4 funta ostry ser, tarty
- 1 1/4 szklanki pół na pół

Wskazówki :

a) Pieczarki pokroić w plasterki i krótko blanszować.

b) Nasmaruj tłuszczem blachę o wymiarach 9x13 cali. Ułóż składniki zaczynając od pieczarek, sera i farszu i powtarzaj kończąc na farszu.

c) Nie posmaruj masłem. Przed pieczeniem wylewamy pół na pół na zapiekankę. Piec w temperaturze 350 stopni przez 30 minut.

90. Linguine Z Pieczarkami I Sosem

Składniki:

- 8 uncji niegotowane linguine
- 2 łyżki oliwy z oliwek
- 1 szklanka pokrojonej w plasterki cebuli
- 1 lb. świeże grzyby crimini
- 1 łyżeczka mielonego czosnku
- 1 słoik (7 uncji) pieczonej czerwonej papryki, odsączonej i posiekanej
- 1/4 łyżeczki soli
- 1/8 łyżeczki czarnego pieprzu
- 1 1/2 szklanki grzanek (o smaku Cezara lub włoskim)
- 1/3 szklanki parmezanu

Wskazówki :

a) Gotuj makaron, aż będzie gotowy. Odcedź i zachowaj 1/2 szklanki płynu. Umieść makaron w dużej misce do serwowania. Na dużej patelni na średnim ogniu rozgrzej oliwę z oliwek, aż będzie gorąca.

b) Dodać cebulę i smażyć, aż będzie lekko miękka. Dodać grzyby i smażyć do miękkości - około 5 minut.

c) Wymieszaj paprykę, sól i pieprz do smaku. Dodać resztę wody, zalać linguine. Wymieszać z grzankami, serem i podawać.

91. Makaron szpinakowo-grzybowy

4 porcje

Składniki:

- 3 łyżki (45 ml) oliwy z oliwek z pierwszego tłoczenia
- ½ szklanki cienko pokrojonej szalotki lub czerwonej cebuli, około 1 dużej lub 2 średniej
- Sól koszerna
- 10 uncji (275 g) białych pieczarek, pokrojonych w grube kawałki
- 8 uncji (225 g) kapeluszy grzybów portobello, pokrojonych w plasterki
- 2 ząbki czosnku, drobno posiekane
- ½ łyżeczki pokruszonego czerwonego chili
- Świeżo zmielony czarny pieprz do smaku
- 8 uncji (225 g) suszonego makaronu pappardelle lub fettuccine lub 1 funt świeżego makaronu

- ¼ szklanki (60 ml) różowego lub wytrawnego białego wina
- 3 łyżki (45 g) masła
- ¼ szklanki startego parmezanu
- 150 gramów liści szpinaku baby

Wskazówki :

a) Zagotuj w dużym garnku osoloną wodę.

b) Umieść dużą (12-calową) patelnię na średnim ogniu. Dodaj oliwę z oliwek i szalotkę na patelnię wraz z ½ łyżeczki soli koszernej. Gotuj, aż szalotka zmięknie, często mieszając, około 5 minut.

c) Na patelnię włóż grzyby w jednej warstwie. Gotuj bez przeszkadzania przez 5 minut, następnie posyp ½ łyżeczki soli i wymieszaj z szalotką. Dodaj czosnek, chili i czarny pieprz i kontynuuj gotowanie przez kolejne 5 minut lub do momentu, aż zmiękną i puszczą sok.

d) W czasie gdy grzyby się gotują, do wrzącej wody wrzucamy makaron i gotujemy zgodnie z instrukcją na opakowaniu. Odpływ.

e) Zwiększ ogień pod grzybami do średniego i wlej wino. Pozwól mu zabulgotać i gotuj przez 2 minuty. Mieszaj masło, aż się rozpuści. Zdejmij patelnię z ognia i dodaj $\frac{1}{4}$ szklanki sera i szpinaku. Mieszaj, aż liście zwiędną.

f) Na patelnię wrzucamy ugotowany makaron i delikatnie mieszamy z sosem. Podawać w miseczkach z dodatkowym serem posypanym na makaronie. Nalej kieliszek wina i ciesz się!

PORTOBELLO

92. Zupa grzybowa Portobello

Serwuje 6

Składniki:

- 300 ml pojedynczego kremu
- 1 litr mleka
- 200 ml zimnej wody
- 1 duża cebula, pokrojona w kostkę
- 50 g masła
- Sól
- 250 g grzybów portobello, drobno pokrojonych
- 100 g pieczarek, drobno pokrojonych
- 50 ml ciemnego słodkiego wina madera
- 4 liście laurowe
- 200ml śmietanki podwójnej
- Czarny pieprz
- 6 małych liści laurowych do podania

Wskazówki :

a) W dużym rondlu powoli zagotuj śmietankę, mleko i wodę.

b) W międzyczasie w drugim rondlu powoli podsmaż cebulę z masłem, 2 liśćmi laurowymi i odrobiną soli. Gdy cebula stanie się przezroczysta, dodaj grzyby i smaż na większym ogniu, aż wilgoć odparuje. Dodaj wino madera i zredukuj do lepkiej glazury.

c) Wlać wrzącą śmietankę, dobrze wymieszać i ponownie zagotować. Gotuj nie dłużej niż 5 minut, usuń liście i zmiksuj na gładko.

d) Jeśli podwójną śmietankę z liśćmi laurowymi dodałeś na noc, usuń ją przed ubiciem śmietanki na jasny Chantilly – powinna zgęstnieć i spadać niechętnie z łyżki. W przeciwnym razie dodaj posiekane liście laurowe.

e) Zupę podawać z łyżką śmietanki, odrobiną pieprzu i małym listkiem laurowym.

93. Omlet z dmuchanymi grzybami

Służy 2

Składniki:

- 20 g masła
- 1 łyżka oliwy z oliwek
- 2 duże grzyby, drobno pokrojone
- 1 szalotka bananowa, pokrojona w cienkie plasterki
- 3 jajka
- 100 ml jogurtu naturalnego
- 1 łyżka posiekanej bazylii
- 1 łyżka posiekanej natki pietruszki
- ½ łyżki szczypiorku, posiekanego

Wskazówki :

a) Na dużej patelni z pokrywką rozgrzej masło i olej. Pieczarki smażymy, nie mieszając zbyt często, żeby nabrały koloru.

b) Dodać szalotkę i smażyć do miękkości. Zmniejsz ogień do najmniejszego możliwego płomienia.

c) Wymieszaj jajka i jogurt, a następnie dopraw dużą szczyptą soli morskiej i pieprzu. Ubijaj trzepaczką elektryczną (lub energicznie ręcznie), aż masa będzie bardzo pienista.

d) Wlać mieszaninę na patelnię, dodać zioła i przykryć.

e) Gotuj, aż napęcznieje i całkowicie się zetnie.

94. Pieczone portobellos romańskie

Wydajność: 4 porcje

Składniki:

- 6 uncji grzybów Portobello
- ½ funta spaghetti
- Sól i pieprz
- ½ szklanki ulubionego bulionu
- 1 szklanka posiekanej cebuli
- 1 szklanka posiekanej czerwonej papryki lub bakłażana lub 1/2 szklanki każdy
- 1 ząbek czosnku, posiekany
- 2 łyżki świeżej, posiekanej natki pietruszki
- 1 puszka (16 uncji) sosu pomidorowego
- 1 łyżeczka wegetariańskiego sosu Worcestershire
- ½ łyżeczki suszonego oregano
- ¼ szklanki startego, beztłuszczowego parmezanu

Wskazówki :

a) Rozgrzej piekarnik do grillowania. Zagotuj duży garnek wody. Pieczarki oczyść, dopraw solą i pieprzem i smaż z obu stron przez kilka minut.

b) W międzyczasie ugotuj makaron we wrzącej wodzie, aż będzie al dente. Pieczarki pokroić w długie paski o szerokości około ½. Odcedzić makaron, umieścić w naczyniu żaroodpornym lekko spryskanym Pam i posypać grzybami. Zmniejsz temperaturę piekarnika do 350 stopni Fahrenheita.

c) Na patelni zagotuj bulion.

d) Podsmaż cebulę, czosnek, pietruszkę i paprykę/bakłażana w bulionie przez około pięć minut. Dodaj sos pomidorowy, sos Worcestershire i oregano i gotuj jeszcze dwie minuty. Polać makaronem i grzybami. Posypać serem.

e) Przykryć i piec około 30 minut.

95. Grillowane steki portobello

Wydajność: 1 porcja

Składniki:

- 4 duże kapelusze grzybów Portobello
- Sos barbecue
- ½ łyżeczki soli
- ¼ łyżeczki świeżo zmielonego pieprzu

Wskazówki :

a) Przygotuj grilla.

b) Wytrzyj czapki grzybów ręcznikiem papierowym; Każdą czapkę posmaruj 1 sosem barbecue i posyp solą i pieprzem.

c) Ułóż grzyby, główką do dołu, na grillu; namiot z folią. Grilluj 3 do 5 minut na średnio-niskich węglach. Usuń folię; Posmaruj każdego grzyba 1 łyżką sosu. Obróć grzyby i posmaruj kolejną 1 łyżką sosu.

d) Grilluj jeszcze przez 3 do 5 minut, aż będzie miękka po nakłuciu widelcem. Podawać z pozostałym sosem barbecue, podgrzać według uznania. Na 4 porcje.

96. Portobello śniadaniowe z shiitake

Wydajność: 4 porcje

Składniki:

- 4 średnie lub duże świeże kapelusze portobello o średnicy 4-6 cali; wyczyszczony
- 3 łyżki oliwy z oliwek
- 4 uncje grzybów shiitake; łodygi zostały usunięte, a kapelusze pokrojone w plasterki
- ½ małej cebuli; drobno pokrojone
- 1 szklanka świeżych ziaren kukurydzy
- ⅓ szklanki prażonych orzeszków piniowych
- ½ szklanki smażonego, pokruszonego boczku (opcjonalnie)
- Sól
- 8 Jajek

Wskazówki :

a) Rozgrzej piekarnik do 400 stopni. Umieścić czapki portobello blaszkami do góry w dużym naczyniu do pieczenia i piec przez 5 minut. W międzyczasie rozgrzej olej na dużej patelni Sauté na dużym ogniu. Dodaj shiitake, cebulę i kukurydzę; Smażyć, aż grzyby będą wiotkie, a kukurydza miękka, 3-4 minuty. Dodaj orzeszki piniowe i boczek, jeśli używasz, i dobrze wymieszaj. Pamiętaj, aby dobrze sezonować.

b) Wyjmij grzyby z piekarnika i równomiernie podziel mieszaninę shiitake pomiędzy 4 nakrętki, wyrównując powierzchnię. Upewnij się, że czapki leżą możliwie płasko, aby jajka nie zsunęły się na bok podczas pieczenia. Na wierzch każdego grzyba wbij 2 jajka.

c) Lekko posolić jajka i wstawić naczynie z powrotem do piekarnika. Piecz, aż jajka będą gotowe, a następnie podawaj od razu.

97. Kurczak madera z portobello

Wydajność: 1 porcja

Składniki:

- 4 duże połówki piersi kurczaka bez kości
- 8 uncji Portobello; grubo pokrojone
- 1 Mąkę o wszechstronnym przeznaczeniu
- 2 łyżki masła
- 2 łyżki oliwy z oliwek
- Sól i świeżo zmielony pieprz do smaku
- 1 łyżka świeżej włoskiej pietruszki lub bazylii; mielony
- Sprężyny świeżej włoskiej pietruszki lub bazylii
- ½ szklanki wytrawnego wina Madera
- ½ szklanki bulionu z kurczaka

Wskazówki :

a) Umieszczaj piersi z kurczaka pojedynczo pomiędzy 2 arkuszami woskowanego papieru. Kawałki kurczaka ułożyć stroną z zdjętą skórą do dołu na woskowanym papierze i delikatnie spłaszczyć młotkiem.

b) Spłaszczyć je na grubość około $\frac{1}{4}$ cala. Tłuczenie kurczaka ma dwa cele; 1) powiększyć pierś i co najważniejsze 2) wyrównać jej grubość, aby czas gotowania był jednakowy.

c) Połącz mąkę, sól i pieprz na czystym kawałku woskowanego papieru. Każdą pierś z kurczaka posyp przyprawioną mąką; podnieś za jeden koniec i delikatnie strząśnij nadmiar mąki. Połóż każdy posypany pyłem kawałek kurczaka na innym kawałku woskowanego papieru i nie pozwól, aby nachodziły na siebie.

d) Rozpuść 2 łyżeczki masła i 2 łyżeczki oliwy z oliwek na dużej, głębokiej patelni z powłoką nieprzywierającą. Gdy masło i olej będą gorące (bulgotają), dodaj grzyby. Smażyć na dużym ogniu, aż grzyby lekko się zarumienią i zmiękną, a cały płyn odparuje. Zdejmij grzyby z patelni i odłóż na bok.

e) Pieczarki dopraw solą, pieprzem i natką pietruszki lub bazylią. Ponownie postaw patelnię na średnim ogniu. Dodać resztę masła i oliwę. Dodaj kurczaka na patelnię, smażąc najpierw stronę na biurku.

f) Smaż piersi z kurczaka po 2-3 minuty z każdej strony. Nie rozgotowuj. Przełożyć kurczaka na duży talerz i przykryć folią. LUB Możesz także trzymać ugotowane piersi z kurczaka w ciepłym piekarniku (150-200 stopni) na dużym talerzu.

g) Gdy wszystkie piersi z kurczaka się usmażą, odlej nadmiar tłuszczu z patelni, zostawiając na patelni jedynie kilka kropli. Wlać wino i bulion z kurczaka i na średnim ogniu zeskrobać dno patelni, luzując wszystkie przylegające do dna cząstki i rozpuszczając je w cieczy. LUB Możesz zdeglasować patelnię w bardziej tradycyjny sposób. Dodaj wino na patelnię i smaż na dużym ogniu, aż objętość zmniejszy się o połowę, około 2 do 3 minut.

h) Dodaj bulion z kurczaka i smaż na dużym ogniu, aż objętość zmniejszy się o połowę, około 1 minuty.

i) Umieść portobellos z powrotem na patelni. Posmakuj i w razie potrzeby dopraw przyprawami. Połóż łyżkę sosu na kurczaku. Podawać.

j) Podawaj kurczaka na talerzu udekorowanym świeżymi gałązkami włoskiej pietruszki lub bazylii, w zależności od tego, jakie zioła wybierzesz do dania.

98. Lasagne z bakłażana i portobello

Wydajność: 1 porcja

Składniki:

- 1 funt pomidorów śliwkowych; ćwiartowane
- 1 ½ szklanki grubo posiekanej bulwy kopru włoskiego
- 1 łyżka oliwy z oliwek
- Nieprzywierający spray na bazie oleju roślinnego
- 4 duże japońskie bakłażany; przycięte, każdy przecięty wzdłuż na cztery części
- Plasterki o grubości ⅓ cala
- 3 średnie grzyby Portobello; łodygi przycięte, kapelusze pokrojone w plasterki
- 1 łyżka octu ryżowego
- 3 szklanki liści szpinaku; spłukany
- 4 cienkie plasterki niskotłuszczowego sera mozzarella

- 2 Pieczona czerwona papryka ze słoika; odsączone, pokrojone w paski o szerokości 1/2 cala
- 8 dużych liści bazylii

Wskazówki :

a) Te indywidualne terriny warzywne można przygotować dzień wcześniej.

b) Rozgrzej piekarnik do 400°F. Ułóż pomidory i koper włoski w szklanym naczyniu do pieczenia o wymiarach 13x9x2 cali. Skrop olejem; wrzucić do wymieszania. Piec, aż koper włoski będzie miękki i zacznie brązowieć, około 45 minut. Fajny.

c) Spryskaj 2 nieprzywierające blachy do pieczenia sprayem z oleju roślinnego. Na przygotowanych arkuszach ułóż plastry bakłażana i grzybów. Piecz do miękkości warzyw, około 30 minut w przypadku plasterków bakłażana i 40 minut w przypadku grzybów. Zmiksuj mieszankę pomidorową w robocie kuchennym. Przełożyć na sitko ustawione nad miską.

Naciśnij ciała stałe, aby wydobyć płyn; wyrzucić ciała stałe. Ocet wymieszać z płynem. Dopraw winegret solą i pieprzem.

d) Mieszaj szpinak na dużej patelni z powłoką nieprzywierającą na średnim ogniu, aż zwiędnie, około 1 minuty. Zdjąć z ognia.

e) Rozgrzej piekarnik do 350°F. Spryskaj cztery naczynia z kremem o pojemności $1\frac{1}{4}$ szklanki sprayem z oleju roślinnego. Każde danie wyłóż 2 plasterkami bakłażana ułożonymi na krzyż.

f) Posypać solą i pieprzem. Na każdym połóż $\frac{1}{4}$ szpinaku. Na każdym ułóż 1 plasterek mozzarelli. Ułóż paski papryki, następnie bazylię i grzyby.

g) Na wierzchu ułóż pozostałe plasterki bakłażana, pokrój je tak, aby pasowały. Posypać solą i pieprzem. Każde naczynie przykryj folią. (Vinaigrette i lasagne można przygotować 1 dzień wcześniej. Przykryj oddzielnie, schłodź.) Piecz lasagne do miękkości, około 25 minut. Usuń folię. Za pomocą małego noża nacinaj warzywa, aby je poluzować. Przełożyć na talerze. Polać łyżką winegretu.

99. Kanapka ze stekiem grzybowym i pesto

SERWUJE 4

Składniki:

- 2 szklanki mrożonego groszku Birds Eye
- 1 szklanka liści rukoli dziecięcej
- 1 mały ząbek czosnku, obrany
- ¼ szklanki drobno startego parmezanu
- ¼ szklanki orzeszków piniowych, prażonych
- 3 łyżki oliwy z oliwek z pierwszego tłoczenia
- 4 grzyby portobello
- 4 kromki chleba na zakwasie, tostowe
- Rukiew wodna i ogolona rzodkiewka do podania

Wskazówki :

a) Odcedź ugotowany groszek Birds Eye i odłóż ½ szklanki groszku na bok. Do robota kuchennego włóż pozostały groszek, rukolę, czosnek, parmezan, orzeszki piniowe i 2 łyżki oleju i zmiksuj na puree. Doprawić do smaku. Wymieszaj zarezerwowany groszek z pesto grochowym.

b) Pieczarki ułożyć na blaszce wyłożonej papierem do pieczenia i skropić pozostałym olejem. Umieścić na rozgrzanym grillu na wysokim poziomie i smażyć po 2 minuty z każdej strony, aż lekko się zarumieni.

c) Na chlebie posmaruj pesto grochowym, posyp grzybami, rzeżuchą i rzodkiewką. Natychmiast podawaj.

100. Grillowana pizza Bianca portobellos

Wydajność: 4 porcje

Składniki:

- 1 łyżka plus 1 łyżeczka czosnku; mielony
- Dziewicza oliwa z oliwek
- 4 4-calowe łodygi grzybów portobello wyrzucone
- 20 plasterków bakłażana; cięte na grubość 1/8 cala
- 2 szklanki posiekanego sera Fontina, luźno zapakowanego
- $\frac{3}{4}$ szklanki świeżo startego parmezanu
- $\frac{1}{2}$ szklanki sera Gorgonzola; rozdrobniony
- ciasto na pizzę
- $\frac{1}{4}$ szklanki natki pietruszki o płaskich liściach; posiekana

Wskazówki :

a) Przygotuj ogień z węgla drzewnego i ustaw ruszt grillowy 3 do 4 cali nad węglami.

b) W misce wymieszaj czosnek z $\frac{1}{4}$ szklanki oliwy z oliwek. Obficie posmaruj olejem grzyby i bakłażana.

c) W drugiej misce wymieszaj Fontinę, Parmezan i Gorgonzolę. Przykryj i przechowuj w lodówce. Kiedy na węglach zacznie pojawiać się biały popiół, ogień jest gotowy.

d) Grilluj kapelusze grzybów, aż zmiękną i ugotują się, około 4 minuty na stronę. Grilluj plastry bakłażana do miękkości, około dwóch minut z każdej strony. Pokrój kapelusze grzybów o grubości $\frac{1}{8}$ cala i odłóż na bok razem z bakłażanem.

e) Ciasto na pizzę podzielić na cztery równe części. Trzymaj 3 kawałki pod przykryciem. Na dużej, lekko naoliwionej, pozbawionej brzegów blasze do pieczenia rozłóż i spłaszcz rękoma czwarty kawałek ciasta, aby utworzyć 12-calową swobodną formę o grubości około 1/16 cala; nie krzywij się.

f) Delikatnie ułóż ciasto na rozgrzanym grillu, w ciągu minuty ciasto lekko się uformuje, spód stwardnieje i pojawią się ślady grillowania.

g) Za pomocą szczypiec natychmiast przełóż ciasto na rozgrzaną blachę do pieczenia i posmaruj oliwą z oliwek. Na cieście rozłóż jedną czwartą mieszanych serów, natki pietruszki i grillowanych warzyw.

h) Skrop pizzę oliwą z oliwek. Przesuń pizzę z powrotem w stronę rozżarzonych węgli, ale nie bezpośrednio nad sekcjami narażonymi na wysoką temperaturę; często sprawdzaj spód, aby sprawdzić, czy nie jest zwęglony. Pizza jest gotowa, gdy sery się rozpuszczą, a warzywa podgrzeją przez 3 do 4 minut.

i) Podawaj pizzę gorącą prosto z grilla. Powtórz procedurę, aby przygotować pozostałe pizze.

WNIOSEK

Różnorodność gatunków, tekstur i smaków dostępnych w świecie grzybów jest podobna do różnorodności owoców. Dlatego dziwne jest myśleć, że skoro dana osoba nie lubi jednego rodzaju grzybów, nie będzie mogła polubić ich wszystkich, a nawet żadnego przepisu zawierającego grzyby.

Często pomija się ogrom odmian grzybów. Kiedy ludzie słyszą słowo „grzyb", często przychodzą im na myśl grzyby White Button ze sklepu spożywczego, całkowicie ignorując różnorodność aromatów, smaków i tekstur dostępnych w świecie grzybów leśnych!

Wierzę, że ta książka kucharska wprowadziła Cię w nowy, zróżnicowany świat grzybów i wiem, że gotowanie z tej książki sprawi Ci przyjemność!

www.ingramcontent.com/pod-product-compliance
Lightning Source LLC
Chambersburg PA
CBHW070459120526
44590CB00013B/693